Mutti hat zu tun. Während in Amerika ein Immobilienhai das Weiße Haus gekauft hat, versucht Theresa May England aus der EU herauszulösen. Leider gibt es dafür keine Bedienungsanleitung. Erdogan und Putin machen dagegen einen perfekten Job als zu kleine Staatsmänner mit zu großem Ego. Sie nerven unglaublich. Und dann will Mutti ja wieder Kanzlerin werden. Ironie des Schicksals: Genau die oben erwähnten, kognitiv zu früh abgebogenen Staatslenker helfen ihr dabei. Denn wo sonst fühlt man sich noch sicher, außer bei Mutti! Und wer hält Angelas Raute, wenn sie mal nicht weiterweiß? Prof. Dr. Dr. h.c. Joachim Sauer. Der Mann der mächtigsten Frau der Welt packt aus!

Weitere Informationen finden Sie auf www.fischerverlage.de

Das neue total gefälschte Geheim-Tagebuch vom Mann von Frau Merkel

FISCHER Taschenbuch

FSC
www.fsc.org
MIX
Papier aus verantwortungsvollen Quellen
FSC® C083411

Erschienen bei FISCHER Taschenbuch
Frankfurt am Main, April 2017

Satz: Dörlemann Satz, Lemförde
Druck und Bindung: CPI books GmbH, Leck
Printed in Germany
ISBN 978-3-596-29918-8

Vorwort

Liebe Leserinnen, liebe Leser,

es wird Sie überraschen, dass ich für dieses Buch so freizügig meine Tagebucheinträge, meinen Brief- und E-Mail-Verkehr, meine Chatverläufe und das ein oder andere Gedicht veröffentliche. Ich möchte Ihnen kurz meine Beweggründe dafür schildern. In Zeiten, in denen Donald Trump behauptet, meine Frau Angela sei in Burkina Faso geboren und Muslimin, muss Literatur aufklären. Um es vorwegzunehmen: Diese Behauptung entspricht nicht der Wahrheit. Vielmehr ist es eine sogenannte »Fake-Meldung«, gestreut von – ich zitiere das BKA – »russischen Internettrollen«. Selbst mir als Quantenchemiker und Physikochemiker war die Existenz dieser Spezies nicht bekannt.

Die breite Öffentlichkeit kennt meine Frau nur als Bundeskanzlerin der Bundesrepublik Deutschland, aber wer einmal mit ihr Malefiz gespielt hat, weiß, wie emotional sie sein kann.

Sie wird oft für ihr mangelndes Modebewusstsein kritisiert. Dazu muss man sagen, dass Moden wie Theodor zu Guttenberg und Christian Wulff kommen und gehen, aber Angela bleibt.

Unter dem terracottafarbenen Blazer hat sie ein großes Herz für alle Menschen, die dieses Land ausmachen. Das gilt für Zuwanderer und CSU-Politiker gleichermaßen. Für

Letztere wünsche sie sich aber eine Obergrenze, hat sie mir mal beim Weckgläserausspülen verraten.

Diese kleinen Geheimnisse gebe ich hier nur preis, damit Sie Angelas menschliche Seite kennen- und vielleicht wie ich, lieben lernen.

Ich wünsche Ihnen eine erkenntnisreiche Lektüre dieser Dokumentensammlung.

Ihr Prof. Dr. Dr. h. c. Joachim Sauer

— — —

Mein Hemd ist voller H_2O*,*
denn ich geriet in Gütersloh
in einen schweren Regenschauer.
Ich liebe dich, dein Doktor Sauer

— — —

07.11.2016

Der Wahlkampf hat begonnen

Angela ist nervös. Sie kriegt es mit ihren zittrigen Fingern kaum hin, die Raute zu formen. Ich merke gleich: Oha! Der Wahlkampf hat begonnen. Sie ruft Steffen Seibert an und beschwert sich, seine Idee mit der Raute sei ein scheiß Markenzeichen. Der Lindenberg mit seinem Hut, der mache es richtig.

Der Wahlkampf wird anstrengend. Auch für mich, weil ich Angela das Mittagessen für die Wahlkampftour eintuppern muss. Für ein Jahr. Allein das Beschriften nach Wochentagen ist sehr aufwendig. Da darf man nicht durcheinanderkommen. Wobei, letztendlich ist es egal, denn überall sind Königsberger Klopse drin.

Besonders schwer fällt Angela der zwischenmenschliche Kontakt mit dem Wähler. Machen wir uns nichts vor, sie ist Physikerin. Einmal hat sie im Straßenwahlkampf einer Rentnerin einen CDU-Luftballon über die Dauerwelle gerubbelt, um ihr das Thema Elektrostatik zu veranschaulichen. Besonders große Angst hat Angela vor Flüchtlingskindern. Weil die immer so leicht anfangen zu weinen.

Während unseres Abendessens ruft Helmut Kohl an und röchelt in den Hörer. Wir wissen nicht so genau, ob er Angela alles Gute für den Wahlkampf wünschen oder einen Notruf absetzen wollte.

Morgen ist in den USA Präsidentenwahl. Angela hat monatelang Trumps Wahlkampf beobachtet. Davon könne man sich einiges abschauen, so Seibert. Jetzt muss sie als Gegenkandidaten nur noch einen Schwerenöter finden, der völlig den Verstand verloren hat. Aber Horst Seehofer ist ja leider auch in der Union.

— — —

Rezension Ratgeber: ***Körpersprache – Deine Hände, der Schlüssel zum Erfolg***

★☆☆☆☆ Völlig unnötig!

Fehlkauf! Ein Buch voller Vorschläge, wie man im Stehen seine Hände halten sollte, um kompetent zu wirken. Meine Frau hat es nach vielen Fehlversuchen weggelegt. Direkt zurückgeschickt!

— — —

08.11.2016

Claus Kleber kommt

Heute Nacht wird in Amerika gewählt. Angela und ihre Kollegen wollen die Wahl im Kanzleramt gucken. Da keiner aus dem Kabinett das amerikanische Wahlsystem kapiert, hat Angela Claus Kleber eingeladen. Angela hört ihm aber gar nicht richtig zu. Sie prüft heimlich mit einer Wasserwaage, ob das Kanzleramt schief steht oder das Gesicht von Claus Kleber.

Angela ist von Hillary Clinton ein bisschen genervt. Sie wird bei internationalen Treffen nämlich oft mit ihr verwechselt. Einmal hat ihr Bill Clinton sogar an den Po gefasst. Er hat sich sofort entschuldigt und geschworen, das habe er bei Hillary noch nie gemacht.

Hillary Clinton ist ein bisschen unheimlich. Sie führt nämlich immer einen Zaubertrick vor. Sie fasst ein Glas Coca-Cola an, und plötzlich ist Eis drin. Angela ist sich nicht sicher, ob das wirklich ein Trick ist.

Im Fernsehen schreit Donald Trump, er würde im Fall einer Niederlage alle amerikanischen Großstädte bombardieren. Auch London.

Claus Kleber muss jetzt leider gehen. Gundula Gause hat angerufen: Wo er denn bliebe. Dienstags würde er ihr doch immer die Haare schneiden. Sie habe den Topf schon auf.

— — —

09.11.2016

Congratulations for Trump

Angela muss dem Wahlsieger Trump heute telefonisch gratulieren. Steffen Seibert hat ihr schon vor Tagen einen sehr persönlichen englischen Grußtext geschrieben. Der beginnt mit: »Dear Donald/Dear Hillary (Unzutreffendes bitte streichen)«. Und eine Dolmetscherin ist in ihrem Büro. Wichtig sei, so Seibert, dass Angela die Zeitverschiebung von sechs Stunden beachte.

Nach mehrmaligen Versuchen geht Trump an sein Handy, und Angela trägt stockend ihren Gruß vor. Trump versucht wütend, sie dabei zu unterbrechen.

Schließlich gelingt es der Dolmetscherin, Angela klarzumachen, dass es in Washington 4 Uhr morgens sei und Trump wohl gerade bemerkt habe, dass er auf der Toilette einer Bar eingeschlafen war.

Angela verspricht, später noch einmal anzurufen. Horst Seehofer kommt vorbei. Den fragt sie sofort gereizt, wie das denn jetzt sei mit der Zeitverschiebung. Vor oder zurück. Seehofer sagt, da müsse er im Duden nachgucken, und geht.

Eine Minute später klingelt Angelas Handy. Trump ist jetzt rasend vor Wut und meint, man habe ihn wohl in der Bar vergessen und eingeschlossen, er habe nur noch fünf Prozent Akkuleistung und ob Angela nicht einen Schlüsseldienst rufen könne. Angela antwortet, sie habe kein Telefonbuch von Washington und von Berlin aus wäre die Anfahrt sicher sehr kostspielig.

Trump schreit die Dolmetscherin an, bis sie weint. Angela liest ungerührt ihren Gratulationstext weiter, bis Trumps Handy sich ausschaltet.

Dann tröstet sie die Dolmetscherin und sagt: Beziehungen über den großen Teich hinweg laufen halt manchmal durch ein großes Feuchtgebiet. So poetisch kann Angela sein, wenn Steffen Seibert ihr den Text nicht schreibt!

10.11.2016

Schwieriges Telefonat

Angela muss heute schon wieder mit dem gewählten Präsidenten Trump telefonieren, um seinen ersten Deutschlandbesuch zu planen. Ein Dolmetscher ist wieder dabei. Diesmal nicht nur, um Trump zu übersetzen, sondern vor allem, um bestimmte Sachen *nicht* zu übersetzen.

Trump meldet sich schroff und sagt Angela, dass sie an den Anschlägen in Paris selbst schuld sei. Angela antwortet trocken, sie säße in Berlin. Trump gratuliert ihr daraufhin zum Brexit. Angela meint nur, der gelte für England. Jetzt ist Trump interessiert. Wenn sie Engländerin wäre, könne sie doch bestimmt auch Flamenco tanzen. Das fände er sehr sexy. Den Satz danach übersetzt der Dolmetscher nicht, weil Seibert ihm den Mund zugehalten hat.

Angela fragt, welche gemeinsamen Aktivitäten er für seinen ersten Besuch denn so vorschlage. Das Gespräch wird schwierig. Einen Bordellbesuch lehnt Angela ab, ein Besuch auf einem Friedhof für gefallene amerikanische Soldaten interessiert Trump nicht. Wenn die Typen was draufgehabt hätten, wären sie ja nicht erschossen worden, meint er.

Dann fügt er beiläufig hinzu, für 100 Milliarden Dollar im Jahr würden die USA Deutschland weiterhin beschützen. Angela ist empört, aber Trump meint nur, Preisanpassungen seien normal, wenn man ein Abo verlängere. Angela weicht aus und sagt nur, sie freue sich darauf, seine First Lady kennenzulernen.

Trump erwidert, er würde sich auch auf ihre First Lady freuen. Ich habe Angst.

— — —

11.11.2016

Lee Harvey Hofreiter

Angela hält heute Morgen nach der US-Wahl eine Krisenrede. Weil sie dafür sehr früh aufstehen musste und keine Zeit hatte, sich die Haare zu machen, sieht sie selbst aus wie Trump.

Angela spricht über große Herausforderungen. Zum Beispiel, dass sie mit Trump wohl auch mal allein im Fahrstuhl stehen müsse. Ursula von der Leyen empfiehlt in einem Zwischenruf reißfeste Strumpfhosen.

Es gibt eine Zwischenfrage von Anton Hofreiter. Ob Angela plane, mit Trump bei seinem ersten Besuch im offenen Wagen durch Berlin zu fahren, und ob es in der Nähe der Strecke ein Schulbuchlager gebe. Er frage das nur so.

Angela beendet ihre Rede mit Selbstkritik. Es sei nicht richtig gewesen, den früheren Präsidenten George W. Bush als dümmsten Präsidenten der US-Geschichte bezeichnet zu haben.

Es gibt Tumult. Petra Pau von den Linken will eine Amerikaflagge verbrennen, hat aber kein Feuerzeug dabei. Bundestagspräsident Norbert Lammert bietet ihr einen Tausch an. Feuerzeug gegen Flagge. Pau ist einverstanden. Der Lammert ist aber auch wirklich ein Fuchs.

Jetzt spricht Sigmar Gabriel. Man müsse Trumps Wahl auch als Zeichen der Hoffnung sehen. Er fände es persönlich ermutigend, dass ein unbeliebter übergewichtiger Außenseiter-Kandidat gegen alle Erwartungen Staatschef geworden sei. Nur Peter Altmaier applaudiert.

– – –

12.11.2016

Stiefoma Angela

Meine Enkelkinder waren übers Wochenende da. Ich habe mich sehr gefreut, aber Angela kann einfach nicht mit Kindern. Vielleicht liegt das daran, dass sie nur die Stiefoma ist. Oder es liegt an der Tatsache, dass sie selbst nie ein Kind war.

Jedenfalls ist Angela im Umgang mit den beiden Jungs immer etwas unbeholfen. Das fängt schon bei der Begrüßung an. Sie hat diesen Staatsbesuchreflex. Die Kinder wollen sie nur kurz umarmen, aber sie schüttelt ihnen 30 Sekunden lang die Hand und lächelt diffus in imaginäre Kameras. Als ihr der Jüngste stolz das Bild zeigt, das er im Auto von ihr gemalt hat, sagt sie, sie halte es für bewusst verletzend, und gibt es ihm zurück.

Gemeinsames Abendessen. Die Leute vom Sicherheitsdienst haben mit den Kindern Nudeln mit Ketchup gemacht.

Mein ältester Enkel fragt mich, wie ich denn TTIP finde.

Ich erkläre ihm, dass man mit Wattestäbchen sehr vorsichtig sein soll, sonst schiebe man nur das Schmalz noch tiefer ins Ohr.

Dann fragt der Jüngere, warum Stiefoma Angela mit den Amerikanern immer nur im Geheimen spricht. Angela sagt, das sei wie Weihnachten. Dann sei am Ende für alle die Überraschung größer. Und außerdem, was er denn wohl glaube, wo der Heinz-Ketchup herkäme, den er gerade so gierig in sich hineinschlingt?

Meine Enkel wollten dann doch nicht bei uns übernachten.

— — —

Ferrero AG, Frankfurt

14.11.2016

Betr.: Reklamation

Sehr geehrte Damen und Herren,
leider muss ich mich heute mit einer Beschwerde an Sie wenden. Ich wollte meinen Enkeln eine kleine Freude machen und habe vier Ihrer »Überraschungseier« gekauft. Aber bitte schön, was war das denn für eine Überraschung? Es war viermal das Gleiche drin!
Gottlob hatte ich die Eier vorsichtshalber schon geöffnet, bevor die Enkel hier ankamen, und konnte so eine große Enttäuschung vermeiden. Die Schokolade ist ja einigermaßen in Ordnung, da will ich nicht meckern. (Wir hatten hier früher was Ähnliches: Kennen Sie Halloren-Kugeln?)
Jedenfalls, es waren vier identische gelbe Plastekapseln in

den Eiern, etwa vier Zentimeter hoch und rundlich – ich weiß wirklich nicht, was Kinder mit so was anfangen sollen. Vielleicht sollten Sie Ihr Produkt umbenennen in »Langweilige Kunststoffkapseln-Ei«. So ist das Irreführung am Verbraucher!
Mit distanzierten Grüßen, J. Sauer, Berlin

Liebe Ferrero-Marketing-Abteilung,
vielen Dank für die schnelle Antwort! Tja, da muss ich mich wohl entschuldigen. Gemäß Ihrer Anleitung habe ich die Plastekapseln nun geöffnet, und tatsächlich sind dort Spielsachen enthalten. Vielleicht – das nur als kleiner Denkanstoß – wäre es ganz gut, auf die Kapseln zu verzichten. Ich bin ja sicher nicht der Einzige, der da zunächst enttäuscht war. Je länger ich darüber nachdenke: Am besten lassen Sie die umhüllende Süßigkeit ebenfalls weg, dann wäre dem Gesundheitsaspekt auch noch Rechnung getragen. Warum verkaufen Sie das Spielzeug nicht einfach so?
Freundlich grüßt: Ihr J. Sauer

– – –

16.11.2016

Roter Teppich für Obama

Angela ruft mich an. Obama ist zu seinem Abschiedsbesuch am Berliner Flughafen angekommen, und sie habe vergessen, ihn abholen zu lassen. Jeder habe schließlich gedacht, der Trump sei jetzt Präsident.

Obama habe wohl versucht, ein Taxi zu bekommen, aber es sei grad Messe. Ich müsse jetzt hinfahren und ihn abholen. Ich solle auf dem Hinweg aber noch beim Steinmeier vorbei, der habe noch einen roten Teppich im Keller.

Die Fahrt zum Flughafen erweist sich als sehr anstrengend, denn die Teppichrolle ist auf meinem Smart nicht richtig befestigt und rutscht auf dem regennassen Dach immer vor die Windschutzscheibe.

Endlich am Flughafen angekommen, erkenne ich Obama sofort. Wir haben uns ja schon mal gesehen. Er ist sehr freundlich, und nach etwas Smalltalk setzen wir uns sofort ins Auto. Auf dem Weg zum Kanzleramt gibt er mir plötzlich seine Visitenkarte. Es erweist sich, dass der Mann gar nicht Präsident Obama, sondern ein Arzt aus Nigeria ist. Ich verschweige meinen Irrtum, fahre ihn in sein Hotel, bekomme zehn Euro Trinkgeld und kehre dann im strömenden Regen zum Flughafen zurück.

Am Eingang bittet mich ein Servicemitarbeiter, den klatschnassen roten Teppich doch bitte nicht mit ins Gebäude zu nehmen, er sei gerade durch mit Wischen. Ich verstehe ihn natürlich.

Präsident Obama hat Ärger mit dem Gastgeschenk für Angela. Es handelt sich nämlich um fünf Kilo Plastiksprengstoff. Obama bemüht sich sehr, dem Zollbeamten zu erklären, dass die Kanzlerin ihm von dem Maulwurfproblem in ihrem Garten erzählt habe und er sie jetzt mit einer biologischen Lösung überraschen wolle.

Als ich dem Beamten erkläre, dass es sich um den amerikanischen Präsidenten handelt, möchte der sofort ein Autogramm. Er sei nämlich ein großer Trump-Fan, fügt er hinzu.

Obama sieht müde aus. Da es jetzt schon sehr spät ist, will er sofort schlafen gehen. Wir fahren an den Stadtrand von Berlin zu dem Etap-Hotel, in dem wir noch ein Zimmer für ihn bekommen haben. Es ist schließlich Messe. Obama umarmt mich und flüstert mir zu, das wäre sein schönster Tag seit langem gewesen. Er tut mir richtig leid.

Auf dem Weg nach Hause höre ich im Radio, wie Angela sich freut, Obama am morgigen Tag einen würdevollen Abschied zu bereiten. Dann kommen die Verkehrsmeldungen mit einer Warnung. Auf der Stadtautobahn liegt ein roter Teppich.

– – –

17. 11. 2016

Goodbye Barack

Heute ist im Kanzleramt das letzte Treffen mit Präsident Obama. Alle Kollegen sind da, und weil es ein schönes Frühstücksbüfett gibt, kommt Sigmar Gabriel auch.

Geschenke werden getauscht. Obama überreicht Angela eine angeblich originale Autogrammkarte von James Dean mit persönlicher Widmung.

Wolfgang Schäuble rechnet Angela vor, dass das zeitlich nicht hinkäme, aber Angela freut sich trotzdem. Steinmeier bekommt ein schwarzes T-Shirt mit der Aufschrift »President«. Er findet das passend und freut sich.

Obama hingegen freut sich über das Glas mit Spreewaldgurken.

Angela kommt schnell zum Thema. Was man denn von dem neuen Präsidenten Trump halten solle.

Obama antwortet, Trump habe ihm einen Trick verraten. Er würde als Präsidentengehalt nur einen Euro verlangen, dann müsse er auch nur eine entsprechende Leistung erbringen. Jeder würde das verstehen. Geld spiele für ihn jetzt eh keine Rolle mehr, habe Trump geprahlt. Allein der Schreibtisch im Oval Office sei ein Vermögen wert. Und was solle er damit? Außerdem hatte Trump wohl behauptet, seine Frau Melania würde in dem Saunaclub, in dem sie arbeitet, selber genug verdienen.

Obama atmet tief durch. Angela fragt trocken, ob Trump denn wenigstens auf seine Kritiker zugehe. Laut Obama habe der wohl gesagt, er hätte für wohlmeinende Kritiker immer einen Platz im Fundament eines neuen Hotels. Alles in allem, so Obama, wäre Trump eben auch nur ein Pragmatiker.

Angela will jetzt wissen, wo Obama Trumps persönliche Schwäche sehe. Obama gesteht ihr, Trump habe Angst vor Apfelsinen. Trump habe sich als Fünfjähriger wohl mal als Apfelsine verkleidet, aber die Schminke sei aus seinem Gesicht nie wieder abgegangen.

Angela bestellt sich genüsslich ein Glas Orangensaft. Frisch gepresst. Man darf sie nicht unterschätzen. Alles in allem ist sie eben auch nur eine Pragmatikerin.

Neptunium und Oxygen,
Methyl, Methan und Molybdän,
Palladium und Os zehn,
das lass ich alles für dich stehn!

– – –

21.11.2016

Die »K«-Antwort der Union

Angela hat mir fest versprochen, nach dieser Legislaturperiode aufzuhören. Dann wollen wir im November nächsten Jahres eine Entspannungsreise machen. Eine quantentheoretische Wanderung durch Kopenhagen auf den Spuren des Physikers Niels Bohr.

Wir sitzen gerade mit Urlaubskatalogen in der Küche, als Volker Kauder anruft. Es gäbe wohl einen CDU-Kanzlerkandidaten. Kauder meint, Zeiten, in denen viele Wähler befürchten, den Durchblick zu verlieren, erfordern einen Kandidaten mit Brille. Und Thomas de Maizière habe wirklich eine unschlagbare Brille. Angela ist enttäuscht, sie hatte Schäuble favorisiert, der habe aber keine Lust mit seiner Taschenrechnersammlung noch einmal umzuziehen.

Angela ruft bei de Maizière an. Auf die Frage, ob er wirklich kandidieren wolle, antwortet der nur, dass Teile seiner Antwort sie beunruhigen würden.

Jetzt lässt Angela unsere Urlaubskataloge liegen und eilt ins Kanzleramt. Um 19 Uhr setzt sie eine Pressekonferenz an.

Sie schreibt in ihrer Erklärung, sie habe *nicht* mehr das Gefühl, das Volk unterstütze noch ihre Politik, und würde deshalb *nicht* kandidieren.

Steffen Seibert überarbeitet ihre Rede leicht. Er streicht nur zweimal das Wort »nicht« raus. Das merkt Angela erst um 19 Uhr, als sie ihre Rede abliest und damit ihre Kandidatur erklärt.

Ich buche für nächsten November ein Einzelzimmer in Kopenhagen.

— — —

Rezension Malbuch für Erwachsene: *Relax mit Bildern – Ausmalen und Entspannen*

★★★★★ Erstaunlich!

Ich habe das Buch geschenkt bekommen, und obwohl mir nur ein Bleistift 3H zur Verfügung stand, bin ich beim Ausmalen schon nach zwei Minuten fest eingeschlafen. Zweck vollkommen erfüllt, dieses Erwachsenenmalbuch würde ich jederzeit weiterempfehlen.

— — —

22.11.2016

Besuch vom Rain Man

Wolfgang Schäuble kommt zu uns zu Besuch. Angela und ich nennen ihn immer nur Rain Man. Er hat sich für 15 Uhr 57 angekündigt und ist auf die Sekunde pünktlich. Unheimlich, der Mann. Schäuble rollt grußlos über meinen Fuß ins Wohnzimmer und sagt sofort »1492«. Ich frage ihn, was er meint. Er meint die roten Karos auf der Tischdecke. Wenn Schäuble kommt, legt Angela immer das rotweiß karierte Tischtuch auf. Er fühlt sich geborgen in rustikaler badischer Atmosphäre und ist dann nicht so aggressiv. Gespielt interessiert frage ich Schäuble nach der Anzahl der weißen Karos. Es sind wohl 973. Schäuble sagt, man müsse die halben Karos an der Kante mitzählen, aber natürlich nur zu 50 Prozent.

Schäuble mag mich nicht. Ich vermute, ER hält sich für den Mann an Angelas Seite. Schließlich hat er mit ihr den Euro gerettet. Einmal haben die beiden nach einer nächtlichen Griechenland-Sitzung in der Kanzleramtswohnung zusammen in einem Bett geschlafen. Angela meinte aber, sie habe extra den grünen Mercedes-Pullover getragen, den der Dieter Zetsche ihr geschenkt hat, und dazu die blaue Trainingshose, die sie immer zum Streichen anzieht. Dabei sieht sie in der Hose hinreißend sportlich aus. Aber nach so vielen Jahren vertraut man einander.

Als Schäuble beginnt, die Vase auf dem Tisch so hinzurücken, dass sie auf genau 16 Karos passt, kommt Angela mit ein paar aufgetauten Maultaschen herein. Sie fragt, ob wir zu dritt nicht was spielen wollen. Schäuble antwortet, er würde gern Schach gegen sich selbst spielen. Angela reagiert sofort. Das macht sie manchmal, wenn sie nicht im Job ist. Sie entscheidet, dass wir Activity spielen. Ich gewinne. Weil Politiker es einfach nicht schaffen, in einer Minute Begriffe wie »Apfel« oder »Haus« so zu erklären, dass man sie versteht. Als Schäuble weg ist, sagt Angela, dass sie stolz auf mich sei. Sie zieht im Bett sogar die blaue Trainingshose an. Wie kann man sich in diese Frau nicht verlieben?

— — —

Rezension Fotohandy: *Nokia 6210 »Navigator«*

★★★★☆ Ein Super-Gerät (immer noch!)

Wir haben das Nokiahandy schon 2009 gekauft und waren immer sehr zufrieden. Meine Frau hat es zunächst beruflich genutzt, vor allem für SMS. Besonders begeistert waren wir vom Mitschreibservice, der für unser Gerät vom amerikanischen Betreiber NSA zunächst kostenlos angeboten wurde. So konnte keine wichtige Information verlorengehen. Nachdem die Firma dieses Angebot nun eingestellt hat, nutze ich das Handy privat.
Minuspunkt: Akku hält nur noch etwa 20 Minuten.
Pluspunkt: Man kann darauf leichte, mittelschwere und schwere Sudokus spielen.

— — —

23.11.2016

Dieses Instagram

Angelas Wahlkampfleiter hat gesagt, dass sie was auf diesem »Instagram« machen muss. Erst war ich interessiert, dann habe ich erfahren, Instagram sei gar keine neue Maßeinheit, sondern so was wie Facebook, nur ohne die ganzen Beleidigungen.

Das Wichtigste sind wohl Fotos. Man sieht da Sahra Wagenknecht, wie sie sich im Schlafzimmerspiegel die Augenbrauen böse zupft. Peter Altmaier fotografiert seinen Schnitzelteller und schreibt »Guten Morgen«. Und Frank-Walter Steinmeier sonnt sich am Strand. Im Anzug.

Angela holt die alte Leica aus dem Keller und will auch eins dieser modernen Selfies machen. Sie hält die Kamera aber immer falsch rum (was früher mal richtig rum war) und fotografiert dauernd mich oder unsere Kommode. Also mache *ich* das Selfie von ihr.

Danach gehen wir ins Wohnzimmer und machen ein Foto von uns beiden an der Periodentafel, vor unserem Lieblingselement. Brom. Wir haben unter das Element »Wolfram« scherzhaft »Schäuble« gekritzelt.

Die Leute sollen schon sehen, dass Humor in unserer Beziehung das wichtigste Element ist.

Ich lasse die Bilder entwickeln und schicke sie an die Geschäftsadresse von Instagram in Kalifornien.

Wir warten jetzt schon seit sechs Wochen darauf, dass die Bilder bei Instagram veröffentlicht werden. Angela sagt, dieses Internet sei wohl doch nicht so schnell, wie alle immer sagen.

– – –

Du bist First Partners beigetreten.

Guten Tag, mein Name ist Joachim Sauer.

Koningin Máxima der Nederlanden:
Hallo Joachim!

Ich bin der Ehemann von Angela Merkel, BRD. Da meine Frau nur Bundeskanzlerin ist und nicht Präsidentin, bin ich eigentlich gar kein First Husband …

Koningin Máxima der Nederlanden:
Das ist schon okay. Mein Mann ist nur Koning, auch kein Präsident.

The Melania Trump:
Welcome to the U. S. A.!

The Melania Trump:
I mean: to this wonderful Chatroom! HDGDL

Thank you.
Was macht man denn hier so?

The Melania Trump:
Als Erstes könntest du mein YouTube-Channel abonnieren! Das geht ganz streng nur um einen Bereich!

Oh. Um welchen denn?

The Melania Trump:
Nur der Bereich Wangenknochen + Augen. Ohne Augenbrauen! Superspecial Interest Beauty Channel

Koningin Máxima der Nederlanden:
Mel, ich bin nicht sicher, ob das Joachim interessiert.

The Melania Trump:
Max, das interessiert jeden!

Agnese Landini, Wife of Matteo Renzi:
Mel, nein, tut es nicht. Wirklich interessant sind nur Augenbrauen!

The Melania Trump hat die Gruppe verlassen.

Koningin Máxima der Nederlanden:
Liebe Gruppe, ich habe eine Anfrage von »Première Dame France«, der Gruppe beizutreten. Wer ist das?

Agnese Landini, Wife of Matteo Renzi:
Ändert sich ständig. Während Hollande waren es schon zwei oder drei verschiedene Frauen.

Philip May, London GB:
Weiß nicht, wie die aktuelle heißt. Lieber draußen lassen!

Meine Frau hatte einen Anruf aus New York. Vom Weißen Haus. Wir sollen Melania Trump wieder in den Chat aufnehmen. Wie geht das?

Koningin Máxima der Nederlanden:
Bin Admin. Ist erledigt.

The Melania Trump ist der Gruppe beigetreten.

Sehr schön, danke.
Und wer ist Bin Admin?
Haben wir auch arabische Würdenträger im Chat?

The Melania Trump:
Wir müssen uns unbedingt mal treffen!

Tja, ich weiß nicht, ob meine Frau aktuell nach Washington kommen kann, terminlich.

The Melania Trump:
Wieso Washington? In New York natürlich!

Oh.

The Melania Trump:
In diese Bruchbude von White House kann man doch niemand einladen! Wir bauen ein neues White House! Es wird golden sein! Und großartig! Es wird das großartigste White House sein!
Golden!
Und die Mexikaner werden es bezahlen!

Angélica Rivera, 1st Lady Mexico hat die Gruppe verlassen.

The Melania Trump:
Sorry, mein Mann hat mein Handy geschnappt.

Koningin Máxima der Nederlanden:
Am Schlossputzen. … wmi?

Wie bitte?

Agnese Landini, Wife of Matteo Renzi:
Das bedeutet: Was macht ihr? Gebe gerade Lateinunterricht.

Polens Erste Frau Agata Duda:
Gebe gerade Deutschunterricht.

Ach ja, Sie sind ja beide Lehrerinnen. Aber hat man denn da Zeit für WhatsApp?

Agnese Landini, Wife of Matteo Renzi:
Die Schüler machen ja auch nix anderes.

Polens Erste Frau Agata Duda:
Ich hab eben einem sein Handy abgenommen!

1 Minute später:

Das ist viel besser als meins.

The Melania Trump:
Mister Sauer, Sie sind doch ein deutscher Mann. So wie mein Husband, der ein deutsche Opa hat.

Ja?

The Melania Trump:
Stimmt es, was mein Mann sagt: ALLE Männer aus Germany, so wie er, haben große Hände, aber kleine … Dings?

Tut mir leid, ich f…hr g…xxk in ein Tu … Kxxzc gnz sc…cht … nu… krx!

The Melania Trump:
Schlechter Empfang?

Ja!!!

The Melania Trump:
Oh. Okay, ich schau in Wikipedia.

...

Koningin Máxima der Nederlanden:
So, genug vom Schlossbalkon gewunken! Jetzt ist Familienzeit, ein ruhiger Abend.

The Melania Trump:
Mein Mann lässt mir gerade ein Bad ein. Im Jacuzzi im 55. Stock, mit Blick über NYC!

Meine Frau muss noch ein Staatsbankrott vorbereiten.

Koningin Máxima der Nederlanden:
Wie bitte?

The Melania Trump:
A what???

Oh! Das war die Autokorrektur! Ich meinte: Ein Staatsbankett!

The Melania Trump:
LOL – mein Mann hat soeben alle seine Aktien von deutsche Firmen verkauft!

– – –

25.11.2016

Die »K«-Frage der SPD

Angela fragt den Steinmeier, wie es denn laufe mit der Entscheidung für den Kanzlerkandidaten. Steinmeier seufzt. Als die SPD erfahren habe, dass bei den Gabriels wieder ein Kind unterwegs ist, seien alle bei Sigmars Anblick fest davon ausgegangen, *er* würde das Kind bekommen und in Mutterschaftsurlaub gehen. Aber jetzt sei er wohl immer noch im Rennen.

Man erwäge aber nun einen weiteren Kandidaten, den allseits bekannten Europapolitiker Michael Scholz. Angela korrigiert, der Mann heiße Martin Schulz.

Steinmeier erklärt, man habe SPD-Mitgliedern Fotos von Schulz gezeigt, und 69 Prozent waren der Meinung, dass dieser Stromberg ganz schön pummelig geworden sei. Eine Agentur hätte aber mit irgendeinem Fotoshop optische Veränderungen an ihm vorgenommen.

Steinmeier zeigt ein Foto. Angela fragt, warum der Schulz denn eine Mütze trage. Steinmeier meint, man habe mal das Haarteil vom Bosbach bei ihm ausprobiert.

Die SPD-Kampagne ziele außerdem darauf, die Arbeiterschicht zurückzugewinnen. Schulz hatte vorgeschlagen, mehr in Sozialsysteme zu investieren.

Die SPD denke aber, es reiche, wenn Schulz eine blaue Latzhose trage. Denn so sähen Arbeiter nun mal aus. Der Slogan für den Wahlkampf solle lauten: »Mit Brille und Bart. Euer SPD-Kandidat«.

27.11.2016

Der erste Advent

Angela hat die Kollegen wie die vergangenen Jahre schon zum Adventskaffee eingeladen. Aber es standen nur wildfremde Menschen vor der Tür. Wie sich herausstellte, hatten die Fraktionskollegen Angelas Einladung an Lobbyisten verkauft. Angela war sauer, tat aber freundlich.

An unserem gedeckten Wohnzimmertisch saßen nun zwölf sehr gut gekleidete Personen. Als Angela eine Dose mit Zucker auf den Tisch stellte, sagte ein junger Mann, er würde ihr ja Süßstofftabletten empfehlen, das sichere Arbeitsplätze in Leverkusen. Er sorge gern dafür, dass Angela auf den Malediven in aller Ruhe über den Vorschlag nachdenken könne.

Eine junge Frau nahm ein Stück Kuchen und seufzte, es wäre sehr schade, wenn die Eierpreise steigen würden. Dann tupfte sie sich die Lippen beiläufig mit einer selbst mitgebrachten Gesetzesänderung zum Tierschutz ab. Sie flötete fröhlich, Angela könne sich so eine Hühnerzucht ja mal ansehen, und falls Angela kein Auto habe, sie hätte zufällig zwei dabei.

Mutti lenkte das Gespräch auf ihren Adventskranz. Ein älterer Mann meinte, der wäre in der Tat wunderschön, aber elektrische Kerzen seien viel sicherer, und wenn die Bürger per Gesetz welche benutzen müssten, dann könnten Stromlieferanten sicher auch Rabatte liefern. Ein großer Energiekonzern hätte morgen zufällig ein Arbeits-Champagnerfrühstück und das sei für eine Bundeskanzlerin sicher interessant.

Angela reichte es jetzt. Sie forderte die Lobbyisten unmissverständlich auf zu gehen. Der junge Mann meinte daraufhin zu Angela, dass ihre Reaktion bestimmt auf angegriffene Nerven zurückzuführen sei. In Leverkusen habe man ein wirksames, bisher leider noch nicht zugelassenes Beruhigungsmittel hergestellt, aber Angela könne ja mit bestimmten Stellen noch mal sprechen.

Jetzt begann Angela zu schreien.

Alle gingen, bis auf den dicken Herrn auf dem Sofa. Ich fragte ihn, weshalb er denn gekommen sei. Er meinte nur traurig, er wäre von VW, aber er wisse selbst nicht, was er noch hier solle.

Wir saßen schließlich noch gemütlich zusammen und haben Adventslieder gesungen. Ich glaube, der dicke VW-Mann hat sogar ein bisschen geweint.

Es war dann doch noch ein besinnlicher Advent.

— — —

25.11.2016

An: Direktor T.Hansen, UPS Bank Lagos <ngambo@gmail.ru>

Von: profsauer@uckermail.de

Re: Lottogewinn

Sehr geehrter Herr Hansen,
leider komme ich erst heute dazu, Ihr freundliches Schreiben zu beantworten, da es in meinem Spamordner gelandet ist, warum, weiß ich nicht. Wissen Sie, ich denke, dass Sie mich

hereinlegen wollen: In Wirklichkeit existiert gar kein Lottogewinn in Höhe von 16 003 980 Euro, für dessen Einlösung Sie meine Hilfe benötigen. Stimmt's?
Augenzwinkernd, Ihr Prof. Dr. J. Sauer, Berlin

25.11.2016
An: profsauer@uckermail.de
Von: Direktor T.Hansen, UPS Bank Lagos <ngambo@gmail.ru>
Re:Re: Lottogewinn

Lieben Mister Profsauer! Entsprechend dem Bueros des nicht Beanspruchten Preisgeldes,wurde dieses Geld als nicht beanspruchten Gewinn einer Lotteriefirma bei ihnen zum verwalten niedergelegt und in ihrem namen versichert. Wir daher benotigen nur ihr Kontoverbindung und konnen die 16 003 980,– € zzgl Special Fee auszahlen. Dies ist kein Betrug, alle Aktivitaeten sind 100 % legal!
Ihr ergebener Tom Hansen, Direktor

26.11.2016
An: Direktor T.Hansen, UPS Bank Lagos <ngambo@gmail.ru>
Von: profsauer@uckermail.de
Re:Re:Re: Lottogewinn

Sehr geehrter Herr Hansen,
wie Sie, da Sie im Ausland wohnen, nicht wissen können, ist meine Lebenspartnerin die Bundeskanzlerin der Bundesrepublik Deutschland. Zusammen mit meinem bescheidenen Einkommen kommen wir ganz gut über die Runden. Ein

Lottogewinn würde möglicherweise auch steuerliche Änderungen nach sich ziehen, deswegen spielen wir auch nie Lotto. Ich nehme an, dass es sich um einen Irrtum handelt. Mit freundlichem Gruß, S.

26.11.2016
An: profsauer@uckermail.de
Von: Direktor T. Hansen, UPS Bank Lagos <ngambo@gmail.ru>
Re:Re:Re:Re: Lottogewinn

Danke fuer die Antwort, und sie waren als gesetzliche Berater eingetragen auf der nicht eingeloesten Lotto-Spielschein mit ihr E-Mail-Addresse. So, sie mussen nicht Sorgen machen, das ein Anderer dem Gewinn beansprucht. Es ist steht ihnen das Geld zu! Bitte schreiben sie ihr Konto, wir koennen ueberweisen den Betrag (16 003 980). Ich bitte Sie, das diese Transaktion Betrachten streng und streng vertraulich.Ihr Tom J. Hansen, Direktor

28.11.2016
An: Direktor T. Hansen, UPS Bank Lagos <ngambo@gmail.ru>
Von: profsauer@uckermail.de
Re:Re:Re:Re:Re: Lottogewinn

Lieber Herr Direktor Hansen,
nach Rücksprache mit dem Innenminister der Bundesrepublik Deutschland, Herrn de Maizière, dem Bundesminister der Finanzen Schäuble, dem BND-Chef (dessen Name mir leider entfallen ist) und meinem Geldberater

Herrn Maschmeyer melde ich mich heute nur kurz, um Sie zu bitten, mir nun doch Näheres über diese Transaktion mitzuteilen!
Es grüßt: J. Sauer, Berlin
PS: Eben bemerke ich, dass Sie um Vertraulichkeit gebeten hatten, aber die Einweihung der deutschen Innen- und Sicherheitsbehörden stellt ja sicherlich kein Problem dar.

30.11.2016

An: profsauer@uckermail.de

Von: Direktor T.Hansen, UPS Bank Lagos <ngambo@gmail.ru>

Re:Re:Re:Re:Re:Re: Lottogewinn

Geehrter Herr Professor! Ich habe sorgfältig die Modalitaeten für die Durchfuehrung dieser Transaktion unter einer legitimen Anordnung ausgearbeitet Sie aus einer Verletzung des Gesetzes zum Schutz sowohl in Ihrem Land und hier, wenn der Fonds auf Ihr Bankkonto übertragen werden. Ihr Freund Maschmeyer hat mir schon geschrieben, und ich habe erleutert wie die Durchfuehrung dieser Transaktion Vonstattengeht.Die Vorauslage in Hoehe von Euro 120010,– hat Freund Maschmeyer bereits per Western Union an mich überwiesen, das ist sehr gut. Natuerlich wird diese Vorauslage-Gebuehr sofort zurueck ueberwiesen, wenn die 16000980 Euro gemeinsam an Sie ueberwiesen werden! Fuehlen Sie sich frei, mich für klare Erläuterungen zu nennen. Ichdanke Ihnen im Vorgriff auf Ihre unmittelbare Antwort.

14.12.2016

An: Direktor T.Hansen, UPS Bank Lagos <ngambo@gmail.ru>

Von: profsauer@uckermail.de

Re:Re:Re:Re:Re:Re:Re: Lottogewinn

Lieber Direktor Hansen,
wir sind hier etwas besorgt, da wir seit zwei Wochen nichts mehr von Ihnen gehört haben. Die 120000 Euro Vorabgebühr, die Herr Maschmeyer Ihnen geschickt hat, sind doch sicher angekommen? Wann können wir denn nun mit der Anweisung der Gesamtsumme rechnen, also 16000980 + 120010 = 16120990 Euro?
Bitte nehmen Sie mir die Nachfrage nicht übel, aber Herr Maschmeyer hat die 120000 aus eigener Tasche bezahlt, als ich ihm anbot, 20 Prozent des Lottogewinns als Gegenleistung für seine Hilfe, die er auch einigen anderen Freunden von uns oft anbietet, zu überlassen. Und da ist mir diese Verzögerung nun etwas peinlich.

16.12.2016

An: Direktor T.Hansen, UPS Bank Lagos <ngambo@gmail.ru>

Von: profsauer@uckermail.de

Fw:Re:Re:Re:Re:Re:Re:Re: Lottogewinn

Sehr geehrter Herr Hansen, haben Sie meine Mail erhalten?

17.12.2016

An: Direktor T.Hansen, UPS Bank Lagos <ngambo@gmail.ru>

Von: profsauer@uckermail.de

Fw:Fw:Re:Re:Re:Re:Re:Re:Re: Lottogewinn

Herr Hansen? Haben Sie vielleicht ein Internetproblem und können deswegen meine Mails nicht empfangen? Schauen Sie doch sonst bitte auch einmal in Ihren Spamordner, vielleicht landen sie ja dort!

18.12.2016 14:16 Uhr

An: Direktor T.Hansen, UPS Bank Lagos <ngambo@gmail.ru>

Von: profsauer@uckermail.de

Fw:Fw:Fw:Re:Re:Re:Re:Re:Re:Re: Lottogewinn

Mein lieber Hansen, ich muss Ihnen schon sagen, ich bin enttäuscht! Gar nicht wegen der 120tausend, das Geld war ja vom Maschmeyer, und der merkt das kaum. Aber man geht so nicht mit Leuten um. Erst einen Lottogewinn vorgaukeln, und hinterher außer Spesen nichts gewesen, das zeugt von keiner guten Kinderstube. Meiner Frau habe ich, weil mir die ganze Sache wirklich peinlich ist, nichts von unserer kleinen Transaktion erzählt. Sonst, das können Sie mir aber glauben, würde unsere Bundeswehr unter Führung der Verteidigungsministerin der Bundesrepublik Deutschland in drei Tagen in Ihrem Land vor der Tür stehen und mal auf den Busch klopfen, wenn Sie die saloppe Formulierung verzeihen! Verbindlichen Gruß, Ihr J. Sauer

18.12.2016 17:35 Uhr

An: Direktor T.Hansen, UPS Bank Lagos <ngambo@gmail.ru>

Von: profsauer@uckermail.de

Fw:Fw:Fw:Fw:Re:Re:Re:Re:Re:Re:Re: Lottogewinn

Bitte entschuldigen Sie den etwas rüden Ton meiner Mail von vorhin. Aber in der Sache bleibe ich bei meiner Position. So etwas gehört sich nicht. J.S.

– – –

02.12.2016

Bundestag schmücken

Norbert Lammert hat angeordnet, den Bundestag weihnachtlich zu schmücken. Phoenix würde schließlich täglich Bilder übertragen, und der vertrocknete Strauch mit Ostereiern, der auf dem Rednerpult steht, sorge beim Volk für den Eindruck, die etablierten Parteien seien nicht mehr zeitgemäß.

Die Zeit ist knapp, die aktuelle Debatte wird ab 9 Uhr übertragen. Horst Seehofer hat aus dem Bayerischen Wald eine riesige Tanne mitgebracht. Man diskutiert, wo sie am besten stehen solle, ohne Platz wegzunehmen. Mit absoluter Mehrheit wird beschlossen, die Tanne auf Alexander Dobrindts Sitz zu stellen. Die CSU enthält sich.

Die Abstimmung über den Verlauf der Lichterketten ergibt, dass eine Zweidrittelmehrheit sich eine parteiübergreifende Lösung wünscht. Die SPD will aber keine Verbindung zur Linken, also werden zwischen ihren Plätzen mehrere Glühbirnen herausgeschraubt.

Die Grünen stimmen komplett gegen Lichterketten und stellen Kerzen auf ihre Pulte. Sekunden vor der Liveübertragung schiebt von der Leyen noch einen lebensgroßen Weihnachtsmann herein. Geschafft.

Angela beginnt gerade mit ihrer Rede, als der Weihnachtsmann ruft, er sei Wolfgang Thierse und es sei eine Frechheit, ihn von einer Wohltätigkeitsveranstaltung wegzuziehen.

Aufgeschreckt durch das Brüllen flieht der Biber, der sich bislang ängstlich in der großen Tanne versteckt hielt, zu Claudia Roth. Die kreischt und wirft ihre Kerze um. Hofreiter zerrt mit brennenden Haaren den in die Lichterkette verkrallten Biber und den tobenden Thierse nach draußen.

Angela beendet ihre Rede. Die Einschaltquoten der Sendung sind kaum messbar. Angela findet das schade. Die Wähler hätten mal sehen können, wie lebendig Bundestagsdebatten sein können.

— — —

06.12.2016

Der Nikolaus kommt

Angela ruft mich genervt an. Sie habe im Bundestag auf dem Weg zum Rednerpult eine braune Spur hinter sich hergezogen, und das ganze Parlament habe gelacht. Es stellte sich heraus, dass sie den ganzen Morgen ein Schokoladentäfelchen in ihrem Schuh mit sich herumgetragen hat. Sosehr sie unsere Nikolaustag-Rituale auch schätze, ich solle doch auf diese Tradition aus Respekt vor ihrem Amt zukünftig verzichten.

Wenn Angela dran denkt, legt sie mir am Nikolaustag auch eine Kleinigkeit in den Schuh. Meist etwas Praktisches. Oft Socken. Oder bequeme Einlagen.

Ursula von der Leyen hat erzählt, sie würde ihre Kinder zu Nikolaus nur mit gesunden Sachen überraschen. Ihre Jüngste habe sich zum Beispiel sehr über ihren mit Mineralwasser gefüllten Gummistiefel gefreut. Manchmal glaube ich, ihre Kinder freuen sich aus Angst vor ihr.

Am Nachmittag sind meine Enkel bei uns. Angela kommt gutgelaunt nach Hause und verliest vor den Kindern eine Erklärung, in der sie ihre Freude über den bevorstehenden Besuch des amtierenden Nikolauses zum Ausdruck bringt. Ich erkläre meinen Enkeln, was sie meint.

Punkt 16 Uhr klopft es an der Tür. Es ist Peter Altmaier im Nikolauskostüm. Angela raunt mir zu, sie habe ihn nicht umsonst zum Bundesminister für besondere Aufgaben gemacht. Der Nikolaus riecht deutlich nach Glühwein, setzt sich schwerfällig und sagt mit gierigem Blick auf das Schälchen mit Marzipankartoffeln, dass er jetzt erst einmal seine Pillen bräuchte. Ihm schmeckt's offensichtlich.

Nach einigen Minuten fragt Angela etwas nervös, wo der Nikolaus denn seinen Geschenkesack habe. Als der Nikolaus fragt, welchen Sack sie denn meine, erklärt Angela streng, sie meine den Sack, den sie ihm heute Morgen vor sein Büro am Nordpol gestellt habe. Der Nikolaus erwidert, er sei heute gar nicht am Nordpol gewesen, sondern habe mit dem Zauberkobold Kauder den ganzen Tag ein sehr wichteliges Mittagessen gehabt.

Angela schreit den Nikolaus jetzt an, als Chef des Bundeskoboldamtes habe er ständig vor Ort zu sein, sonst nähme sie ihm einfach seinen Dienstschlitten weg, mitsamt Elch. Nikolaus Altmaier verlässt daraufhin empört schnaufend die Wohnung. Meine Enkel möchten auch nach Hause.

Endlich allein, meint Angela wütend, sie habe die Nase voll und wolle den Nikolaustag abschaffen. Das werde ihr historisches Vermächtnis als Kanzlerin sein. Hoffentlich meint sie das nicht so ernst wie bei der Flüchtlingskrise?

— — —

07. 12. 2016

Im Auftrag ihrer de Maizière

Obama hat Angela bei seinem letzten Besuch eine CD gegeben, mit Namen von in Deutschland lebenden IS-Gefährdern. Innenminister Thomas de Maizière erwartet, dass sie die heute Abend bei ihm abgibt. Persönlich. Wegen der Sicherheit.

Angela will aber lieber Rouladen machen und schlägt mich als Boten vor. De Maizière hat über Jahre vom BND feststellen lassen, dass ich nie irgendwelche Chemikalien im Baumarkt gekauft habe, und vertraut mir. Dass ich ein bekannter Professor für Chemie bin und an der Uni sogar Zugang zu Milzbranderregern habe, ist dem BND dabei entgangen. Antiterrorkampf scheint ein sehr eigenes Feld zu sein.

Nach einer etwa einstündigen Fahrt nimmt man mir die Kapuze vom Kopf und setzt mich vor der leeren, stillgelegten Bundeswehrkaserne ab, in der de Maizière seit 20 Jahren eine Stube bewohnt. Die ist nicht einfach zu finden, denn de Maizière schaltet nie Licht an. Leute, die Licht anschalten, so hat er mal gesagt, würden Terroranschläge geradezu herausfordern.

Ich laufe im stockfinsteren Kasernenflur über das Linoleum und klopfe an der Stubentür 117 wie abgemacht dreimal kurz und vierzehnmal lang. Ich höre, wie innen Riegel weggeschoben und Schlösser geöffnet werden. Dann schnarrt de Maizière tonlos, ich solle hereinkommen.

In der halbdunklen Wohnstube kann ich ihn kaum erkennen. Hochgewachsen steht er mitten in dem leeren Raum und ist mit seinem grauen Anzug perfekt getarnt zwischen den grauen Wänden und dem Estrich. Nur seine Augen leuchten. De Maizière trägt nämlich keine Brillengläser. Das sind zwei Monitore, auf denen Augen abgespielt werden. Seine echten Augen hat er sich vor Jahren durch Wärmebildkameras ersetzen lassen. Damit er weiß, ob er ein Lebewesen vor sich hat.

Er erkennt mich an der Körpertemperatur und nimmt wortlos die Hülle mit der CD in Empfang. Ich darf gehen.

Wieder zu Hause bei Angela, lege ich zur Entspannung unsere Lieblingsmusik ein. Aber eine Stimme mit amerikanischem Akzent liest arabische Namen vor. Angela meint, da hätte sie doch glatt die CD verwechselt. Der BND hat jetzt »Das Beste von den Puhdys«. Angela will die Panne Obama in die Schuhe schieben. Das klappt beim BND immer.

— — —

07.12.2016

An: Bob

Von: Joe

Lieber Bob, ich glaube, dein Neffe hat recht! Auf solche Mails antwortet man besser gar nicht. Man nennt das »Spam«. Die schreiben alles Mögliche: Lottogewinne, Erbschaften, von mir aus auch Nobelpreise. Einfach ignorieren!
Cheers, Joe

08.12.2016

Lieber Bob, dass die jetzt auch schon Spamanrufe machen, ist eine neue Qualität. Und wieder mit der Nobelpreisnummer? Na, gut, dass die nur den Anrufbeantworter erreicht haben! Auf keinen Fall zurückrufen, dann haben sie deine Nummer, und du hast gar keine Ruhe mehr. Dass das nicht seriös ist, merkt man ja schon daran, dass es der Preis für Literatur sein soll und nicht für Musik. Mit der Masche rufen sie wahrscheinlich 1000 Leute an – und einer glaubt es, und den nehmen sie dann aus. Am besten gehst du bei ausländischen Nummern gar nicht mehr ran! Alles Gute, Joe

09.12.2016

Lieber Bob, ich muss gestehen, diese Masche ist mir neu. Ich habe mit unserem Internetminister de Maizière gesprochen, und auch er sagt: Blankoflugtickets in der Post, das ist noch nicht dagewesen in der Spambranche! Ich kann verstehen, dass du ins Zweifeln kommst, aber glaub mir: Niemand schickt einfach so echte Tickets für einen Erste-Klasse-Flug nach Stockholm herum! Falls das Telefon noch mal klingelt, sag einfach, du hast keine Zeit, weil du auf die Katze von Patti Smith aufpassen musst! Grüße, Joe

10.12.2016

Lieber Bob, das passt doch super! Patti hat einen Auftritt im Ausland, das heißt, du musst nicht mal lügen – du musst ja wirklich auf ihre Katze aufpassen! Cheers, Joe

11.12.2016

Lieber Bob, ja, ich habe auch gelesen, dass Patti Smith auf der Nobelpreisverleihung einen von deinen Songs gespielt hat. Toller Auftritt, grüß sie von mir, wenn ihr euch das nächste Mal seht! Cheers, Joe

– – –

11.12.2016

Die Kollegen (die echten) kommen zum Adventskaffee

Heute probieren wir es noch mal mit dem Adventskaffee. Angela hatte ausdrücklich verboten, Lobbyisten als Vertretung für ein persönliches und gemütliches Beisammensein zu schicken. Joachim Gauck ist der erste Gast und hat in unserer Küche seinen mitgebrachten Plattenspieler aufgebaut. Auf diesem spielt er Beethovens Neunte ab und spricht wie jeden Sonntag seine Gedanken zum Advent.

Alle ankommenden Gäste machen einen großen Bogen um die Küche und setzen sich schon mal ins Wohnzimmer. Ursula von der Leyen hat selbstgemachte Kokosmakronen mitgebracht. Die habe sie angeblich während eines Transall-Flugs selbst gebacken. Nur aus Bundeswehr-Kettenfett und Medikamenten-Hilfslieferungen für Nigeria. Man habe ja als siebenfache Mutter und Verteidigungsministerin so wenig Zeit.

Angela bemerkt trocken, die Makronen würden genauso schmecken wie die aus dem Supermarkt gegenüber vom Kanzleramt. Von der Leyen weiß nicht genau, ob das ein Verdacht oder ein Kompliment sein soll.

Angela schlägt Schäuble vor, er könne doch mal ein Adventsgedicht vortragen. Schäuble rezitiert monoton »Advent, Advent, ein Lichtlein brennt«, hört bei vier aber nicht auf. Als er bei 20 ist, schieben wir ihn in die Küche zu Gauck, der immer noch seine Adventsansprache hält.

Der Nachmittag zieht sich. Von der Leyen lädt uns für den nächsten Sonntag ein. Ihre Kinder hätten wohl was Zauberhaftes vorbereitet. Angela flüstert mir zu: Blockflöte! Die Kanzlerin erklärt mit Bedauern, sie könne leider nicht, sie sei auf Staatsbesuch.

Am nächsten Tag versucht das Kanzleramt verzweifelt, Angela für kommenden Sonntag einen Staatsbesuch zu vermitteln. Aber alle feiern Advent mit Familie und Freunden.

Am Ende siegt aber wieder ihre Hartnäckigkeit. Angela trifft sich mit einem ISIS-Führer zu Sondierungsgesprächen. Angela macht oft Dinge, die sie eigentlich nicht will, um Dinge zu verhindern, die sie noch weniger will. Sie nennt das Kompromiss.

– – –

14.12.2016

Kein Happy Meal

Heute Abend waren Angela und ich verabredet, ins Museum zu gehen. Der Eintritt sollte neun Euro kosten. Unglaublich. 18 Mark. Für das Geld hätte man in der DDR ein Päckchen Jacobs Krönung im Intershop bekommen! Aber es wird sowieso nichts mit Museum. Krisensitzung. Typisch! Das Flüchtlingsabkommen mit der Türkei scheint ihr wohl wichtiger zu sein, als mit ihrem Mann in eine Wolfgang-Lippert-Retrospektive zu gehen.

Als Angela schließlich fertig ist, wollen wir einen Happen essen gehen. Leider kommt gleich das halbe Kabinett mit. Weil schon alles zuhat, gehen wir in eine Fastfood-Filiale.

Dort begrüßt Außenminister Steinmeier sämtliche Mitarbeiter persönlich und heißt sie in Deutschland willkommen. Als einer von ihnen sagt, dass er bereits seit 20 Jahren hier lebt, wird Angelas Stimme ganz mechanisch, als sie erklärt: Ja, das sei schlimm, aber es werde hart daran gearbeitet, dass die Asylverfahren nicht mehr ganz so lange dauern.

Ich bekomme mein Essen als Letzter und finde am Tisch keinen Platz mehr. Also muss ich alleine auf einem viel zu kleinen Stuhl in der Kinderecke sitzen. Meine Stimmung ist mies. Ironischerweise heißt mein Abendessen »Happy Meal«.

Aus der Ferne höre ich Agrarminister Schmidt sagen, dass ihm das frittierte Formfleisch dermaßen gut schmeckt, dass er direkt froh sei, das Kükenschreddern nicht verboten zu haben.

Auf der Rückfahrt in der Limousine sieht Angela sehr süß aus, wie sie, völlig erschöpft und noch mit etwas Mayonnaise im Mundwinkel, auf ihrem eigenen Schulterpolster eingenickt ist.

— — —

17.12.2016

Happy Birthday Franziskus

Am Wochenende wurde der Papst 80 Jahre alt. Angela wollte ihm unbedingt zum Geburtstag gratulieren: »Solange das Christentum nicht völlig abgeschrieben ist, kann es nicht schaden, die paar Stimmen mitzunehmen«, sagt sie.

Wir beide sind eigentlich keine regelmäßigen Kirchgänger. Unvergessen die Blamage, wie ich damals beim Tag der offenen Moschee nach der Rede des Imams aus Versehen laut »Amen« gesagt habe. Alle blickten mich an, und deshalb hab ich aus Scham nur noch auf meine Schuhe gesehen. Bis mir dann einer gesagt hat, dass ich die eigentlich am Eingang hätte ausziehen müssen. Seitdem nimmt mich Angela nicht mehr mit, wenn es um Religion geht.

Sie telefoniert den halben Morgen rum und kommt nicht weiter – keiner hat die Nummer von dem Mann, und im Vatikan geht keiner dran. Ich versuche sie aufzubauen und sage: Du schaffst das. Doch das macht sie nur noch fuchsiger.

Schließlich sucht sie die Adresse vom Papst heraus und beordert die Kanzlermaschine nach Tegel. Außerdem packt sie eine Kuckucksuhr als Gastgeschenk ein. So könne sie die Reise als Staatsbesuch verkaufen, erklärt sie. Ich würde gerne mitkommen, müsste dann aber wieder alles selbst zahlen, und so ein Platz im Regierungsflugzeug ist im Prinzip unbezahlbar.

Also verbringe ich den Tag damit, das Abendessen vorzubereiten: Kalbsleber Alt-Berlin mit Quetschkartoffeln.

Angela kommt spät nach Hause und erzählt, dass der Ratzinger gar nicht verstanden habe, was sie von ihm wollte – sie hat einfach die Päpste verwechselt. Und zur Feier von Papst Franziskus hat man sie dann nicht vorgelassen, weil es im Apostolischen Palast schon so voll war: Die Nationalmannschaften von Argentinien und Deutschland waren da.

Mürrisch verschlingt sie das Essen und schreibt währenddessen Joachim Löw eine SMS: Nächstes Jahr wolle sie in der DFB-Maschine mitfliegen. Herr Löw schreibt kurzangebunden zurück, dass man schauen müsse, ob sie dann überhaupt noch Kanzlerin sei. Angela antwortet mit einem fröhlichen Smiley und geht schlechtgelaunt ins Bett. Der Abwasch bleibt wie immer an mir hängen.

– – –

20.12.2016

Weihnachten – Wir schaffen das

Angela steht in der Küche und macht ihre Raute. Sie verkündet mir, sie habe unendlich lange darüber nachgedacht, ob sie noch einmal bereit sei, Weihnachten zu feiern, und habe sich dafür entschieden. Nun brauche sie aber Unterstützung. Das bedeutet, ich muss wieder die Weihnachtsgeschenke besorgen.

Sie beendet ihre Rede mit »Wir schaffen das«, applaudiert sich selbst und geht ins Kanzleramt. Sie hinterlässt eine Liste mit Geschenkideen:

Horst Seehofer soll eine Thermoskanne bekommen. Er hat sich oft beschwert, dass während der Sitzungen sein Bier warm werden würde.

Thomas de Maizière möchte Angela mit einem Rucksack überraschen. Darin könne er dann für unterwegs all seinen persönlichen Stacheldraht verstauen.

Auf der Liste steht noch ein Eintrag. Sigmar Gabriel, schreibt sie, würde sie gern etwas schenken, mit dem er nicht rechnet. Nämlich Aufmerksamkeit. Angela hat einen Smiley hinter die Zeile gemalt.

Wie jedes Jahr sind die meisten Vorschläge unbrauchbar. Am Ende stehe ich dann wieder in so einem Geschenkartikelladen und kaufe – irgendwas. Von der Tasse war damals schon Christian Wulff enttäuscht. Eine Terrasse wär schöner gewesen, meinte er beleidigt.

Aber Peter Altmaier macht man immer eine Freude mit einem Block Frittierfett. Schmeckt notfalls auch ohne Brot, sagt er immer.

Um das Weihnachtsgeschenk für Joachim Gauck hat sich Angela liebevoll selbst gekümmert. Sie hat eine Aktentasche gefüllt mit Spezialitäten von seinem Lieblingskoch Johann Lafer. Eine Druckerei sollte auf dem Leder den Schriftzug »Lafer-Tasche« aufbringen, hat aber einen Fehler gemacht. Jetzt steht dort »Labertasche«. Angela findet, das passt auch.

Ein Präsent für Steinmeier zu finden ist schwierig. Der ist ja immer im Flugzeug. Steinmeiers Geschenk muss also klein und leicht sein und darf keine Flüssigkeit enthalten. Aber den Ströbele kann man ja nicht verschenken.

Gruppe: First Partners

Koningin Máxima der Nederlanden:
Hallo alle, wir haben einen Neuzugang!

Doris Schmidauer-VanDerBellen
Servus, Vienna calling!

Hallo, Frau Schmidauer, grüezi nach Wien!

The Melania Trump
Oh, Vienna! I LOVE Vienna!
My husband LOVES the Gondolas! And the Rio Grande!

Canale Grande?

The Melania Trump
Yes!

You mean Venice, in Italy! (Venedig)

Doris Schmidauer-VanDerBellen
Vienna is the capital of Austria.

The Melania Trump
My husband says:
The capital of Austria is Sidney!
My husband is always right!

Die Hauptstadt von Australien wäre Canberra …

The Melania Trump
CANBERRYS ARE TINY FRUITS!!!!!!!!!

Cranberrys?

The Melania Trump hat die Gruppe verlassen.

Philip May, London GB:
Wir müssen ein Essen geben.
24 Leute.
Jemand Ideen?

Oje. Meine Frau macht ja am liebsten Kartoffelsuppe. Aber als offizielles Essen …

Akie Abe:
Wir machen oft Fisch hier in Japan. Seit Fukushima gibt es hier ganz neue Arten!

Doris Schmidauer-VanDerBellen
Knödel gehen immer:
Serviettenknödel …
Grammelknödel …

Ja, lecker!

Doris Schmidauer-VanDerBellen
Waldviertler-Knödel!

Akie Abe:
Wal-Viertel gibt es bei uns auch oft.

Doris Schmidauer-VanDerBellen
Waldviertler-Knödel sind aus Kartoffeln.

Akie Abe:
Ja, wenn Ausländer zu Gast sind, geben wir auch nie zu, dass das Walfleisch ist! ;-)

Koningin Máxima der Nederlanden:
Hier hat sich eine »persönliche WhatsApp-Referentin von Silvio Berlusconi« gemeldet.
Möchte in die Chatgruppe.

Oje. Geht das wieder los!

Betty – Hellas First Lady Tsipras
Wie alt?

Koningin Máxima der Nederlanden:
Sie schreibt, sie hat nächstes Jahr die Schule fertig.

Können wir sie nicht aus formalen Gründen ablehnen? Berlusconi ist doch kein Staatsoberhaupt mehr.

Koningin Máxima der Nederlanden:
Hmmm … die Frau von Ratzinger war auch noch lange dabei.

Was?? Wer??

Koningin Máxima der Nederlanden:
Ach! Autokorrektur!
Die Frau von Rajapaksa, ehemaliger Präsident Sri Lanka.

Uff! Ich dachte schon …

Koningin Máxima der Nederlanden:
Nein, nein.
Keine Frau Ratzinger im Chat.
Die hatte doch gar kein Handy!

Doris Schmidauer-VanDerBellen
Mein Mann muss eine Rede halten, und ich muss sie wieder schreiben. Mir fällt nichts ein!

Koningin Máxima der Nederlanden:
Was denn für ein Publikum?
Mehr Frauen oder mehr Männer?

Doris Schmidauer-VanDerBellen
Führende Wirtschaftsvertreter.
In Österreich also nur Männer.

Fußball ist oft ein gutes Thema bei Männern. Die meisten Reden hält meine Frau ja in der Kabine der Nationalmannschaft.

Doris Schmidauer-VanDerBellen
Fußball? Kein gutes Thema in Ö.

Koningin Máxima der Nederlanden:
In NL auch nicht!

Klimawandel?

Doris Schmidauer-VanDerBellen
Geht nicht. Sind Skiliftbetreiber dabei.

Weltweit Fluchtursachen bekämpfen?

Doris Schmidauer-VanDerBellen
Geht nicht. Sind Zaunhersteller dabei.

Finanzkrise? Atomkraft?
Elektroautos?

Doris Schmidauer-VanDerBellen
Geht nicht. Geht nicht. Geht nicht.

Ich geb auf.

Koningin Máxima der Nederlanden:
Junge Katzen! Jeder liebt junge Katzen!

Doris Schmidauer-VanDerBellen
Super Idee! Danke! BFF!!!

– – –

22.12.2016

Glühwein mit Schuss

Die Koalition hat beschlossen, auf den Weihnachtsmarkt zu gehen, um all die Streitigkeiten mal einen Abend lang zu vergessen. Außerdem spielt Joachim Gauck auf dem Markt Flöte.

Peter Altmaier ist schon seit dem Nachmittag unterwegs. Er hat für uns alle Weihnachtsmützen besorgt. Ursula von der Leyen will keine aufsetzen. Dafür, dass sie sich zum Affen mache, stünde sie nicht jeden Morgen eine Stunde lang unter dem Haarsprayspender. Wir wussten alle nicht, dass es so etwas überhaupt gibt.

Gabriel verlangt an einem Stand einen kleinen Salat. Der Verkäufer sagt, er habe nur Spanferkelbrötchen. Gabriel meint, da könne man nix machen, dann nehme er eben das. Er wirkt sehr zufrieden.

Angela bestellt eine Runde Glühwein für alle. Von der Leyen sagt, als Verteidigungsministerin möchte sie natürlich einen mit Schuss. Alle lachen, weil sie heute Spaß haben möchten.

Schäuble sagt grimmig, er wolle die Glühweinbecher jetzt endlich zur Geschirrrückgabe bringen, aber alle haben erst einen Schluck getrunken. Schäuble mahnt uns zur Eile. Das Pfand würde schließlich inflationsbedingt mit jeder Minute an Wert verlieren und die schwarze Null müsse stehen, lamentiert er.

Horst Seehofer prahlt, auf dem Nürnberger Christkindlesmarkt gäbe es Glühwein im Maßkrug. In Bayern nenne man das Autofahrer-Maß. Alle lachen, aber ich fürchte, er meint das ernst.

Andrea Nahles will sich einen Norwegerpulli kaufen. Aber Peter Altmaier bietet ihr an, sie könne seinen alten haben. Die Größe müsste ja passen. Nahles geht weinend weg. Wir sehen sie heute nicht mehr wieder.

Joachim Gauck spielt tatsächlich Flöte. Und er hat ein Lama dabei. Angela findet das passend, er wäre ja auch ein »Lama Präsident« gewesen. Alle lachen wieder. Außer Gauck. Der Abend läuft gut für Angela.

Schäuble rollt immer noch über den Weihnachtsmarkt und räumt Glühweinbecher von den Tischen, wenn die Leute nicht hinsehen.

Dann meint Altmaier, er vermisse hier einen Stand mit frittierten Weinbergschnecken. Er sage immer, lieber Schnecken ohne Ende als ein Ende mit Schnecken.

Allen ist jetzt ein bisschen schlecht. Wir wissen nicht, ob von Altmaiers Vorschlag, von Gaucks Flötenspiel oder vom Toilettenwagen. Der ist nämlich defekt, seit von der Leyen dort gewesen ist. Dasselbe, meint von der Leyen traurig, passiere auch ständig mit ihren Panzern. Sigmar Gabriel sagt, er kenne das Gefühl. Seit er im Amt wäre, gäbe es im Wirtschaftsministerium keinen funktionierenden Bürostuhl mehr. Er schenkt von der Leyen seinen Glühweinbecher mit dem Brandenburger Tor. Jetzt ist Schäuble auch traurig. Alles in allem ist es ein melancholischer Abend. Aber alle sind sich ein Stückchen nähergekommen.

— — —

24.12.2016

Heiligabend mit Hindernissen

Der Weihnachtsbaum in unserer Berliner Wohnung ist festlich geschmückt. Zum Schluss habe ich traditionell einen blankpolierten Erlenmeyerkolben aus dem Institut über die Baumspitze gestülpt. Der Tisch ist festlich gedeckt. Angela freut sich immer auf Heiligabend. Alle Kollegen feiern nämlich mit ihren Familien, und niemand ruft sie an. Ihr Telefon klingelt. Christian Lindner ist dran. Ob wir in Berlin seien und was wir denn heute so machen würden. Angela antwortet, wir wären mit der gesamten Familie in der Uckermark. Sie gibt mir mit einer Geste zu bedeuten, dass ich mit dem Geschirr klappern solle, um viele Menschen zu simulieren. Lindner glaubt uns und legt enttäuscht auf.

Wir spielen eine Platte von Gunther Emmerlich. Er brummt Magdeburger Weihnachtsweisen aus der Weichsel-Eiszeit.

Angelas Telefon klingelt wieder. Ursula von der Leyen fragt genervt, wann Angela denn endlich ihre Weihnachtskekse abholen würde. Sie habe gebacken, ihre sieben Kinder haben gebacken und man brauche die Garage langsam wieder fürs Auto. Angela liest von einem Zettel ab. Sie bedankt sich für die geleistete Arbeit und erklärt, so eine Situation dürfe sich in den kommenden Jahren nicht wiederholen. Von der Leyen kennt Angelas Rede zur Flüchtlingskrise schon und legt wütend auf.

Wir wollen jetzt essen. Wieder klingelt Angelas Telefon. Peter Altmaier meint, er habe versehentlich drei Weihnachtsgänse für sich allein gemacht und ob wir eine davon haben wollten. Wir verzichten. Bei uns gibt es traditionell kalte Pellkartoffeln mit Tubenremoulade. Das haben wir eingeführt, seit wir 1986 über die Weihnachtstage hinweg im Uni-Labor unsere Elektrolytproben überwacht haben.

Ich öffne gerade eine Flasche Weißwein, als Horst Seehofer anruft. Er fragt wütend, wer die ganzen Kartons mit Weihnachtskeksen vor seiner Haustür abgeladen habe und ob man sich nicht wenigstens bei Gebäck auf eine Obergrenze einigen könne. Angela tut so, als wisse sie von nichts.

Es klingelt an der Haustür. Der Weihnachtsmann ist überraschend da. Wie jedes Jahr um 18 Uhr drei. Wir tun so, als würden wir ihn nicht erkennen. Er fährt mit seinem Rollstuhl ins Wohnzimmer und sagt in badischem Dialekt, er sei der Weihnachtswolfgang und wir sollten uns nicht fürchten, der Euro bliebe trotz Italienkrise stabil. Angela bekommt steuerlich absetzbare Restaurantquittungen geschenkt und ich einen Bildband über das Bundesfinanzministerium. Dann rollt der Weihnachtsmann wieder nach Hause. Angela schaltet ihr Handy aus und deaktiviert die Klingel. Jetzt kommt unsere private Bescherung. Wir schenken uns gegenseitig – Aufmerksamkeit. Dazu brummt Gunther Emmerlich über schneebedeckte Endmoränen. Es ist wirklich der schönste Abend des Jahres.

– – –

28.12.2016

Angela kriegt einen Vogel

Angela hat in der Brigitte von der Work-Life-Balance gelesen. Jetzt will sie auch eine. Ich schlage vor, sie solle sich ein Hobby zulegen. Sie zeigt mir einen Vogel. Im Schaufenster. Christian Ströbele erzählt uns, er würde in seiner Kreuzberger Wohnung als Meditation Fahrräder reparieren und dabei Kanarienvögel züchten. Wir könnten ein Fahrrad oder einen Vogel haben. Dabei wackelt er suggestiv mit seinen beeindruckenden Augenbrauen. Angela wird kurz schummrig und entscheidet sich für einen Kanarienvogel.

Unser neuer Kanarienvogel hat eine schrille Stimme und ist quietschgelb. Wir nennen ihn deshalb Claudia Roth. Wir müssen darüber sehr lachen.

Aber Claudia Roth ist noch nerviger als das Original. Der Vogel hüpft beim Frühstück aufgeregt von Stange zu Stange und trällert laut. Angela fordert mich auf, dem Vogel ein Beruhigungsmittel in sein Wasser zu mischen, das habe sie bei Christian Wulff am Ende auch so gemacht.

Am Abend klingelt es an der Tür. Die echte Claudia Roth kommt zu Besuch. Ströbele habe ihr von dem Vogel erzählt und sie wolle sich jetzt von seiner artgerechten Haltung überzeugen. Es kommt zum Unvermeidlichen. Claudia Roth fragt, wie der Vogel denn heiße. Angela reagiert geistesgegenwärtig und sagt: Edward Snowden. Der könne schließlich den Schnabel auch nicht halten.

Claudia meint, Snowden brauche Bewegung und Freiheit. Dabei schaut sie anklagend, als hätten wir gerade Tibet bombardiert. Die echte Claudia ist doch nerviger als der Vogel!

Der erste Ausflug von Claudia Roth ist eine Katastrophe. Der Vogel flattert wild durch unser Wohnzimmer, und Mutti wird ungeduldig.

Sie formt ihre Raute, aber der Vogel will einfach nicht hineinfliegen.

Ihr Handy klingelt. Es ist Horst Köhler. Er sagt, er würde jetzt Antidepressiva nehmen, und fragt, ob er noch mal *Bundes*präsident sein dürfte. Angela reagiert eisig. Ich versuche immer noch, den kreischenden Vogel einzufangen. Horst Köhler fragt überrascht, ob Claudia Roth zu Besuch sei.

Nach zwei Stunden sitzt der Vogel unverletzt in seinem Käfig, und Angela hat Köhler gerupft.

Am nächsten Tag schaue ich nach dem Vogel. Er ist tot. Ich will Angela schnell eine SMS ins Büro schicken, habe aber meine Lesebrille nicht auf und komme stattdessen auf dieses Twitter. Meine Botschaft an die Twitter-Gemeinde lautet: »Claudia Roth ist tot.« Angela kommt gutgelaunt nach Hause, denn die Grünen hatten den ganzen Tag mit Dementis verbracht. Als sie von dem toten Vogel hört, ordnet sie beim Zähneputzen eine Schweigeminute an.

Rezension Buch: ***Neujahrsansprachen für Dummies***

★★★★★ Eine große Hilfe!

Standardwerk im Politikerhaushalt: 200 vorgefertigte Satzbausteine, die man nur noch zusammenstellen muss, Aussprachehilfen, Themen-Navigator. Top!

– – –

31.12.2016

Neujahrsansprache (diesmal live)

Angela hat noch mal richtig Stress. Da sie wegen der ganzen Krisen keine Zeit hatte, ihre Neujahrsansprache aufzuzeichnen, wird Silvester live gesendet. Ich sitze vor dem Fernseher und fiebere mit. Bei Sendestart ist das Bild die ersten Sekunden schwarz. Dann nimmt ein Assistent Angelas Mantel von der Kamera. Sie ist offenbar erst in letzter Sekunde ins Studio gestürmt.

Auf der linken Tischseite steht ein Blumenstrauß, an der rechten Seite hängen eine Deutschland- und eine Europafahne. Angelas Haare sitzen nicht sehr gut. Sie hat auf der Hinfahrt im Auto wahrscheinlich am offenen Fenster geraucht. Silvester gönnt sich ja jeder gern mal was.

Angela beginnt ihre Rede mit: Sehr geehrter Herr Seibert. Sie scheint selber überrascht. In den ersten Sätzen geht es um den nicht möglichen Umtausch von gebrauchten Abschminktüchern. Angela stockt. Eine Hand kommt ins Bild und tauscht die Zettel aus. Angela lächelt und entschuldigt sich. Ihre Rede beginnt mit der Aufforderung zu mehr Gelassenheit. Doch im Hintergrund gibt es Tumult. Ich erkenne die Stimme von Udo Walz. Er echauffiert sich sehr. Ich verstehe die Worte »Vogelscheuchenlook« und »geschäftsschädigend«, und es gibt anscheinend ein Handgemenge. Jedenfalls sprüht Walz von rechts wütend etwas auf Angelas Haare und dabei auch in ihr rechtes Auge. Walz wird weggezogen, jedenfalls kippt der Blumenstrauß um. Angela greift zur Seite und versucht mit der Europafahne das Blumenwasser von ihrem Redemanuskript zu wischen. Die Fahne ist aber offenbar nicht gut befestigt. Mit einer nassen Europafahne um ihre Schultern, abstehenden Haaren und einem zusammengekniffenen tränenden Auge beendet Angela ihre Rede mit der Hoffnung auf ein friedliches und gesundes 2017.

In den Medien wird von dem Desaster nichts berichtet. Das ist das Geniale an Angelas Reden. Sobald sie vorbei sind, hat man bereits alles wieder vergessen.

– – –

05.01.2017

Happy Birthday Frank-Walter

Frank-Walter Steinmeier wird 61. Das feiert er im Borchardt. Gott sei Dank. Einkaufen kann er nämlich aus Zeitgründen nur im Flugzeug, daher gab's bei seinem letzten Geburtstag wenig zu essen, aber ein großes Büfett mit Parfüm und Sonnenbrillen.

Als wir um 19 Uhr im Borchardt ankommen, ist der Laden schon voller Leute. Ich kenne keinen. Alle 27 anderen europäischen Außenminister sind wohl versammelt und tragen Steinmeier im Chor ein Geburtstagsgedicht vor. Da man sich aber wieder mal nicht auf einen gemeinsamen verbindlichen Text einigen konnte, verstehen wir kein Wort. Das Lokal hat neben der Toilette extra eine Steintreppe aufgestellt, auf der sich die Außenminister anschließend zu einem Gruppenbild versammeln. Da jeder darauf zu sehen sein will, will auch keiner fotografieren. Der kroatische Außenminister läuft herum und schenkt allen von etwas ein, das er stolz als selbstgemachten Slibowitz bezeichnet. Das Zeug schmeckt nach Isopropanol, also so, wie Fensterreiniger riecht, aber Angela ist wegen ihrer bevorstehenden Rede etwas aufgeregt und greift mehrmals zu. Das hätte sie besser nicht tun sollen.

Als Angela Steinmeier dafür dankt, dass er ihr mit seiner Kandidatur 2008 einen Wahlsieg beschert hat, wird noch verhalten geklatscht. Aber als sie sich drei Sitzkissen unter den Blazer stopft und ihre Sigmar-Gabriel-Imitation zum Besten gibt, winkt Steinmeier schnell dem extra engagierten Dudelsackspieler zu, und der spielt laut auf. Dann jubeln die Außenminister. Ein Kellner hat nämlich angeboten, er könne doch das Gruppenfoto machen, dann seien alle drauf. Man beschließt schriftlich, das auf dem nächsten OSZE-Treffen auch so zu machen. Leider zieht sich die Aktion, da einige der Herren auf der Toilette sind, weil sie den Schnaps nicht vertragen haben und der kroatische Außenminister mit Angela tanzt.

Später finde ich Angela am Büfett. Sie lallt etwas von dem schönen Essen und dass es doch schade darum sei, und schiebt mit der Hand Heringssalat in ihre Handtasche. Mir gelingt es, sie aus dem Lokal zu ziehen. Zu Hause schläft sie voll bekleidet auf dem Bett ein.

Am nächsten Tag lässt Angela ihre Frau Baumann eine E-Mail verfassen, in der sie sich bei Steinmeier für den schönen Abend bedankt. Steinmeier antwortet, ihm habe der Abend auch gefallen, aber das Borchardt habe sich beschwert, dass ihr gesamter Vorrat an Fensterreiniger verschwunden sei. Der kroatische Außenminister gilt übrigens als vermisst.

– – –

06.01.2017

Tanzstunde

Angela hat in der Brigitte gelesen, dass Tanzen Stress abbaut. Nun muss man wissen, dass Angela und ich nur einmal im Jahr tanzen. Beim Bundespresseball. Heiko Maas hat wohl im internen Kreis mal gesagt, man wisse nicht, ob wir wirklich tanzen oder uns nur während einer Sturmflut aneinanderklammern würden.

An der Tanzstunde nehmen auch andere Pärchen in unserem Alter teil. Zum Beispiel Horst Seehofer mit Partnerin. Auf Angelas Frage, warum er nicht in München in eine Tanzschule gehe, antwortet er, das würde seine Frau ja herausfinden.

Ursula von der Leyen kommt mit ihrem Mann. Ich sage ihm, dass ich mich freue, ihn endlich mal kennenzulernen, und Ursula antwortet, er würde sich auch freuen. Als ich ihn nach seinem Beruf frage, sagt Ursula, er sei Arzt. Dann erzählt sie mir von ihrer Doktorarbeit. Die Tanzstunde beginnt. Angela tritt mir leider beim Walzer ständig auf die Füße. Der Tanzlehrer ermahnt Angela, sich führen zu lassen. Angela reagiert säuerlich. Was ihm einfiele, sie würde schließlich ganz Europa führen. Damit die Stimmung nicht kippt, entscheide ich, mich von ihr führen zu lassen. Viel irritierender finde ich, dass Angela jeden Takt laut mitspricht. Leider passt die Musik nicht dazu. Außerdem lenkt mich ab, dass Horst Seehofer beim Tanzen ständig telefoniert. Er erzählt seiner Frau, die Sicherheitskonferenz würde gut laufen und alle würden nach seiner Pfeife tanzen.

Der Tanzlehrer meint, wir sollten uns die von der Leyens anschauen. Man könne an der Art, sich zu bewegen, sehen, wie gut sie sich verstehen. Daraufhin sagt Ursula, ihr Mann würde sich über das Kompliment freuen.

Beim Salsa rät der Tanzlehrer Angela, nicht ständig ihre Raute zu machen. Das wirke nicht sehr südamerikanisch. Außerdem solle sie ihre Hüften mehr bewegen. Sie habe doch so üppige. Plötzlich gibt es tosenden Applaus. Ursula von der Leyen hat mit ihrem Mann beeindruckende Hebe- und Wurffiguren vorgeführt. Das sehe, so der Tanzlehrer, bei ihrer zierlichen Figur ganz wunderbar aus. Und wie elegant sie ihren Mann wieder auffange. Angela will jetzt gehen.

Zu Hause legen wir eine Puhdys-Platte auf und tanzen auf Socken. So wie früher im Studentenwohnheim. Angela macht ihre Raute, und ich drehe mich sogar einmal. Angela hat viel Spaß. Sie überlegt, anzuregen, dass man den Bundespresseball nächstes Mal bei uns veranstaltet.

Chemie ist, wenn es stinkt und raucht,
Biologie: wenn etwas faucht,
Physik berechnet Schwung und Kräfte,
die Medizin die Körpersäfte.
Doch sag mir, wann die Wissenschaft
es auch mal in die Kissen schafft?

– – –

07.01.2017

Einsamer Lindner

In unserem Küchenkalender steht, dass Christian Lindner heute Geburtstag hat. Der hat Angela wohl vor Wochen eine E-Mail geschickt, mit der Aufforderung, seine hiermit ausgesprochene Einladung anzunehmen und umgehend zu bestätigen, schließlich müsse er einen Veranstaltungsraum buchen. Lindners Stil klang sehr angespannt. Angela hatte die E-Mail wohl erst gar nicht bekommen, weil alle E-Mails mit dem Kürzel FDP sofort in ihrem Spamordner landen.

Sigmar Gabriel fand gestern eine Sprachnachricht auf seinem Handy, in der Christian Lindner sofort um eine positive Zusage zu seiner Feier bittet, schließlich müsse er in einem Lokal einen Tisch bestellen und er wolle wissen, für wie viele Personen.

Heute, während der Kabinettsitzung, erzählt Angela, kam plötzlich Claudia Roth hereingestürmt. Der Christian Lindner wolle heute Abend zu seinem Geburtstag mit ihr ins Kino. Angela riet Claudia, ihre Nummer zu wechseln. Norbert Lammert habe daraufhin angemerkt, so könne man mit einem ehemaligen Kollegen nicht umgehen. Er musste aber wohl selbst dabei lachen.

Angela selbst ist am Abend recht hektisch. Wir sollen das Licht ausmachen, sagt sie und auch weder Fernseher noch Musik anmachen. Der Lindner würde heute an seinem Geburtstag allein durch die Straßen ziehen und es könne sein, dass er bei uns klingelt. Tatsächlich ruft eine Stunde später einer der Personenschützer bei Angela an. Man habe vor dem Haus einen betrunkenen Herrn aufgegriffen. Es stellt sich jedoch heraus, dass es Rainer Brüderle ist. Brüderle hatte wohl Christian Lindner um seinen Bungalow schleichen gesehen und sucht nun selbst Zuflucht. Er, Brüderle, habe mittlerweile in allen Lokalen Hausverbot und Angela sei doch so für Flüchtlinge … Angela weist Brüderle eisig ab. Die FDP müsse jetzt allein miteinander auskommen. Auch mit dem Lindner. Sie würde jetzt mit der SPD koalieren und fügt hinzu: weggegangen, Platz vergangen. Angela legt auf und macht gutgelaunt im MDR eine Frank-Schöbel-Doku an. Nicht, dass ich es vorhätte, aber so hart muss es sein, wenn man sich von Angela scheiden lässt.

– – –

An: Hausverwaltung

Von: Sauer/Merkel, Objekt Kupfergraben, Berlin-Mitte

Betr.: Lärmbeschwerde

Sehr geehrte Frau Schmitz,
lassen Sie mich kurz Stellung nehmen zu den Beschwerden, die bei Ihnen von unseren Nachbarmietern eingingen.
Wir hatten an dem betreffenden Abend Besuch von Frau Netrebko aus Russland, die beruflich singt. Es wäre unhöflich gewesen, ihren Wunsch abzuschlagen, nach Tisch ein paar Lieder zum Besten zu geben. Dass sie sämtliche Sopranarien aus La Traviata singen wollte, war uns nicht klar.
Etwas unübersichtlich wurde die Situation, als auch die zwei russischen Sicherheitsleute von Frau Netrebko einstimmten und alle gemeinsam traurige russische Lieder sangen. Von dieser etwas depressiven Grundstimmung fortgerissen, leerten die russischen Sicherheitsleute einige mitgebrachte Flaschen Wodka und fingen dann an, sich gegenseitig zu verprügeln – zufällig genau in dem Moment, als die Nachbarn klingelten, um sich wegen der Lautstärke zu beschweren. Das war ein bisschen Pech.
Bitte nehmen Sie meine Versicherung, dass so etwas nicht mehr vorkommen wird!
Hochachtungsvoll: Sauer (Mieter 2. Stock links)

PS: Das zerrissene Hemd des Mieters von der 3. Etage ist bereits bezahlt.

— — —

08.01.2017

Happy Birthday Kim Jong-un

Das Kabinett hat entschieden, vorsichtige Kontakte zu Nordkorea aufzunehmen. Wirtschaftsminister Gabriel ist der Ansicht, aufgrund der vielen Straflager sei das Land speziell für Zäune ein wichtiger Weltmarkt, von dem die notleidende deutsche Stahlindustrie profitieren könne. Angela gibt Gabriel bei aussichtlosen Dingen gern recht. Also beschließt sie, als ersten diplomatischen Schritt, Kim Jong-un heute zum 33. Geburtstag zu gratulieren. Eine Aushilfe aus der Bundestagskantine übersetzt Steffen Seiberts elegante Geburtstagsgrüße ins Koreanische, aber die E-Mail erreicht ihren Empfänger nicht. Vielleicht hat der BND sich die E-Mail-Adresse: *pingpong@dingdong.jong* nur ausgedacht, um wenigstens auch mal hilfreich zu erscheinen?

Als Angela betont, diese Angelegenheit sei ihr ernst, schlägt Thomas de Maizière einen sogenannten Skype-Kontakt vor. Diese Technik sei emotional zuverlässig, die habe er auch in seiner Hochzeitsnacht benutzt.

Die Haustechnikabteilung des Kanzleramtes versucht zwei Stunden lang vergeblich, eine Verbindung nach Pjöngjang einzurichten, bis Wolfgang Schäuble beim Rückwärtsfahren versehentlich das WLAN einschaltet.

Auf dem unscharfen, flackernden Bild sieht Kim Jong-un erheblich älter und noch dicker aus als sonst. Ein Techniker meint, das Bild aus Nordkorea sei aufgrund von Zensur und schlechter Leitungen viele Jahrzehnte unterwegs.

Angela lässt die koreanische Übersetzerin ein Kompliment für seine Frisur übermitteln. Der Diktator antwortet daraufhin, Angelas Frisur sei auch nach seinem Geschmack. Sie kann sich nicht wirklich darüber freuen. Dann fragt sie, wie man sich denn so fühle mit 33. Kim Jong-un betont, er sei sehr stolz auf die Zahl 33. Er habe sie schließlich erschaffen und seinem geliebten Volk geschenkt. Angela tut jetzt so, als würde sie wissen wollen, was Kim heute geschenkt bekommen habe. Kim Jong-un hält einen Stoffbeutel hoch und sagt, seine siegreiche Armee habe ihm am Morgen den Kopf seines korrupten Onkels überreicht. Angela reagiert spontan und bemerkt betont fröhlich, sie würde auch am liebsten im Kreise ihrer Familie feiern. Den beiden gehen die Gesprächsthemen aus. Die Polizeiruf-Krimis kennt er nicht, die Revolutionsoper zum siebten Parteitag kennt Angela nicht. Die beiden beschließen, etwas trinken zu gehen, falls man mal in derselben Stadt sein sollte.

Der Kontakt ist endlich beendet. Ich finde, Angela hat sich gut geschlagen. Die SPD kritisiert hinterher, Angela habe Kim Jong-un gegenüber die Straflager nicht erwähnt und damit der deutschen Stahlindustrie geschadet. Es ist wohl wieder Wahlkampf.

– – –

10.01.2017

Stiftung von-der-Leyen-Test

Abends klingelt bei uns das Telefon. Ursula von der Leyen ist dran. Sie ist aufgeregt. Sie sei gerade in ihrem Hobbykeller und probiere sämtliche G36-Gewehre aus. Sie wisse gar nicht, was das ganze Gemeckere soll. Selbst bei 20 Minuten Dauerfeuer träfe jede Waffe immer noch in die Mitte einer Haarspraydose. Sie würde jetzt noch etwa 1000 Gewehre testen, dann habe sie für heute keine Haarspraydosen mehr. Im Hintergrund sammeln von der Leyens Kinder begeistert Patronenhülsen. Angela erwidert, sie werde darüber nachdenken, und legt auf.

Eine Stunde später klingelt das Telefon erneut. Von der Leyen noch mal. Sie fahre gerade in den neuen Puma-Panzern durch eine Waschstraße, und bei keinem würde es reinregnen, wenn man nur ein Weckgummi in die Ausstiegsluke klemme. So ein Weckgummi koste im Supermarkt 20 Cent und das wäre im Rüstungsetat ja wohl drin. Im Hintergrund jammert eins ihrer Kinder, es habe nasse Füße. Angela hält die Idee für überdenkenswert und legt auf.

Als das Telefon gegen 23 Uhr erneut klingelt, ist am anderen Ende ein lautes Dröhnen zu hören. Von der Leyen schreit mit einer noch schrilleren Stimme als sonst, sie flöge gerade mit den Eurofightern und die Triebwerkaufhängungen seien tipptopp, wenn man nur entschlossen dagegendrücke. Im Hintergrund rufen die Kinder, sie hätten keine Kraft mehr. Dann bricht die Verbindung ab.

Am nächsten Tag erkundigt sich Angela bei von der Leyen nach ihrem Befinden. Von der Leyen antwortet, sie sei zu dem Schluss gekommen, Deutschland brauche keine Armee, sie könne mit einer Dose Haarspray, einem Weckgummi und sieben Kindern das Land auch allein verteidigen.

13.01.2017

Koalitionssitzung an Knoblauch

Ich habe Angela gefragt, warum es oft so lange dauert, bis die Regierung etwas beschließt. Angela nimmt mich zu einer Koalitionssitzung mit. Das Thema ist Flüchtlingspolitik.

Volker Kauder eröffnet die Sitzung mit der Frage, wer hier Knoblauch gegessen habe und ob das nötig gewesen sei. Peter Altmaier antwortet, Schnecken würden nur mit Knoblauchsoße schmecken, die Schnecke an sich sei einfach ein geschmackloser Verdauungsmuskel. Schäuble ergänzt, die seien wie Sigmar Gabriel. Gabriel ist beleidigt. Angela beginnt gerade mit einer Analyse der Versorgungssituation in den Flüchtlingslagern, als Martin Schulz den Antrag stellt, ein Fenster zu öffnen. Der penetrante Knoblauchgeruch würde sich in seinem Bart festsetzen. Angela will weitermachen, aber Andrea Nahles stellt den Antrag, das Fenster zu schließen. Die Kälte ziehe ihr in den Rücken und dann würde sie für den Wahlkampf ausfallen. Alle sind dafür, dass das Fenster offen bleibt.

Angela setzt ihre Ausführungen fort, ermahnt aber plötzlich die flüsternde Ursula von der Leyen. Die behauptet, sie hätte dem Altmaier nur schnell ein Rezept diktiert für Schnecken in Safransauce. Das würde nicht so riechen. Alle finden den Vorschlag hilfreich.

Frank-Walter Steinmeier kommt zurück zum Thema, verspricht sich aber. Er sagt, Flüchtlinge ließen sich durch Zäune nicht »abschnecken«. Fast alle müssen lachen.

Ein Wecker klingelt. Altmaier hat ihn auf 12 Uhr gestellt. Dann sei schließlich Mittagspause. Die Diskussion wird vertagt. Alle gehen. Außer Andrea Nahles. Die hat Zugluft bekommen und kann nicht aufstehen. Sie gesteht mir, sie wisse nicht, was das Koalitionsklima mehr belasten würde. Die Flüchtlingskrise oder Altmaiers Schnecken.

Der Tag ist für mich sehr lehrreich. Ich habe verstanden, dass politische Entscheidungen eigentlich nicht von Menschen gemacht werden dürften.

— — —

16.01.2017

Sportclub Siemensstadt

Wir sind heute in den »Sportclub Siemensstadt« in Spandau eingeladen, denn Gregor Gysi wird 69 und feiert seinen Geburtstag wie jedes Mal mit einem Kegelturnier. Angela mag den Gregor. Sie hat ihm letztes Jahr sogar einen Gutschein für eine CDU-Mitgliedschaft geschenkt, aber der Gregor hat ihn bisher noch nicht eingelöst.

Vor dem Lokal steht eine Stretchlimousine. Angela knurrt ärgerlich. Sie habe gehofft, die Sahra Wagenknecht würde nicht kommen.

Gysi hat die Kegelbahn ganz manierlich mit Werbe-Luftballons seiner Partei dekoriert. Zur Stärkung gibt es Russisch Brot, Korn und gelbe Brause. Alle rufen »Gut Holz«, und das Turnier beginnt.

Angela fragt die Kellnerin freundlich, ob sie ihr ein kleines Radler bringen könne, aber die Kellnerin meint, sie sei

Petra Pau und würde einen Scheißdreck tun. Dann wirft sie einen Pudel.

Gregor Gysi trägt einen blauen Ost-Trainingsanzug und macht Kniebeugen. Das Kegeln ist so ziemlich das Einzige, was er wirklich ernst nimmt. Angela schenkt Gregor eine Stange zollfreier Zigaretten. Er freut sich und meint spöttisch, dass sich ihre teuren Staatsbesuche ja dann doch irgendwie gelohnt hätten. Sahra Wagenknecht ergänzt düster, Staatsbesuche müssten vom gesamten Volk gemacht werden, alles andere sei Feudalherrschaft. Dann wirft sie einen bösen Blick auf die Kegel. Immerhin sechs fallen sofort um.

Gregor ist dran. Er wirft natürlich mit links. Er dreht sich dreimal um die eigene Achse und schleudert die Kugel nach hinten. Drei Gläser zerbrechen. Gregor argumentiert, dass in den Kegel-Regeln kein Passus über das Material der Kegel stünde und daher auch Kegel aus Glas juristisch zulässig wären. Also müsse man ihm einen Dreierwurf anrechnen. Seine Rhetorik überzeugt wieder mal. Alle sind einverstanden.

Ich quetsche mir zwischen zwei Kugeln die Finger und muss ausscheiden. Jetzt wirft Angela. Sie hat als promovierte Physikerin im Kopf die Gewichtskraft der Kegel, die Masse der Kugel und die Rollreibung berechnet und erzeugt aus ihrem Handgelenk heraus eine Radialkraft, die sie mit einem Wurf zweimal eine Neun werfen lässt.

Dietmar Bartsch ist dran. Er weiß offensichtlich nicht, wer ich bin, und flüstert mir zu, ob ich beim Sturz der Kanzlerin mitmachen würde. Der Plan sei, dass alle ihre Punkte addieren, dann wäre Angela erledigt. Bartsch wirft einen Pudel.

Am Ende hat Angela das Turnier gewonnen. Sahra Wagenknecht holt schlechtgelaunt ihren Schmuck aus dem mitgebrachten Safe und fährt nach Hause. Bartsch muss noch zu seinem Anwalt, um die Bundesrepublik zu verklagen, und Petra Pau erklärt der Kellnerin wütend, dass sie nicht die neue Küchenhilfe sei. Gregor, Angela und ich sitzen noch ein bisschen zusammen und singen alte Pionierlieder. Gregor lädt uns zu sich ein, falls es mal passt, und Angela lädt Gregor in ihr Kabinett ein. Beides wird nicht passieren, aber trotzdem ist es immer nett mit ihm.

– – –

Sehr geehrter Servicetechniker von der Telekom!
Leider kann ich während des von Ihnen angegebenen Zeitfensters (»heute zwischen 7.30 und 21 Uhr«) nicht die ganze Zeit in der Wohnung sein, aber der Sicherheitsmann hat Anweisung, Ihnen aufzuschließen. Ganz kurz das, was gemacht werden muss:
Bisher haben wir zwei Leitungen mit drei ISDN-Nummern, von denen ich nur eine kenne, sowie das Fax. Wenn meine Frau und ich gleichzeitig telefonieren, gibt es Störgeräusche, ein leichtes Rauschen. Da stimmt was nicht.
PS: Der rote Telefonapparat auf dem Schreibtisch meiner Frau gehört nicht zur Anlage!

Lieber Telekom-Mann, auch heute kann ich leider nicht anwesend sein. Der Reparaturversuch letztens war nicht erfolgreich: Das Telefon macht immer noch Störgeräusche. Zusätzlich kommen Faxe jetzt auf dem Telefonapparat im Schlafzimmer an – da steht aber kein Faxgerät. Noch einmal der Hinweis: Das rote Telefon im Arbeitszimmer ist nicht Teil unserer privaten TK-Anlage!

Liebe Telekom-Person, die Situation hat sich eher leicht verschlechtert: Seit dem letzten Termin können wir nun gar nicht mehr telefonieren. Faxen auch nicht. Bitte dringend um Reparatur! (Der Merci-Riegel neben der Telefonbuchse ist für Sie!)

Werter T-Techniker! Die Reparatur neulich war nicht zufriedenstellend. Entgegen den Anweisungen ist das rote Telefon an die Anlage angeschlossen worden. Das ist ein Spielzeugapparat für meine Enkel, wenn die ab und zu zu Besuch sind! Das Spielzeugtelefon sagt: »Hier Metzgerei Schnitzel!«, wenn Sie den Hörer abnehmen, das ist aber kein echtes Gespräch! Der Rest der Anlage ist tot.

Liebe Telekom, Ihr Kollege hat zuletzt doch noch alles sehr gut wieder in Gang gebracht. Heute bitte ich Sie nur noch darum, das rote Spielzeugtelefon im Arbeitszimmer zu resetten. Irgendwas stimmt da nicht. Immer, wenn man den Hörer abnimmt, hört man: »White House, Washington!?«, die richtige Ansage müsste aber sein: »Hier Metzgerei Schnitzel!« – Gruß, Sauer

– – –

17.01.2017

Party beim Toni

Angela ist heute Abend unentschlossen, was sie anziehen soll. Das kommt sonst nie vor. Sie hat einen Kalender, in dem jeder Termin farbig markiert ist. Die Farbe des Termins entspricht dessen voraussichtlicher Stimmung, und die schlägt sich dann in der Farbe ihres Blazers nieder. Sie nennt den Kalender scherzhaft ihr chemisches Periodensystem. Wir müssen darüber immer sehr lachen. Der Termin heute Abend ist grün. Anton Hofreiter hat uns zu einer Party eingeladen. Angela muss hin, um sich eine Koalitionsoption offenzuhalten, wie sie sagt. Die Party findet in einem Berliner Altbauhaus in Kreuzberg statt. Vierter Stock. Ohne Aufzug. Dort lebt Hofreiter in einer Wohngemeinschaft mit einem Studenten aus Bielefeld und Claudia Roth. Es riecht stark nach NH_3 und Zellulose. Das sei das Katzenklo, sagt mir Hofreiter. Oder der selbstgemachte Couscous-Salat von Katrin Göring-Eckardt.

Alles drängelt sich in der Küche. An der Spüle steht ein kleiner älterer Herr, der den gesamten Arm im Abfluss hat und wild fluchend lange Haare herauszieht. Hofreiter entschuldigt sich und sagt, im Bad könne er nicht duschen, da würde Claudia Roth morgens stundenlang mit einem Filzstift Strähnchen in ihren Pony malen. Der ältere Herr murmelt irgendetwas von verdammten Weibern und schraubt mit bloßen Händen das Abflussrohr ab. Ich stelle mich vor und frage, ob ich helfen könne. Er erwidert, er sei Renate Künast und könne das alleine. Es stinkt. Künast knurrt, das sei der Abfluss, aber alle meinen, das könne auch der

Couscous-Salat sein. Als wir die Küche verlassen wollen, kommt Claudia Roth rein, klatscht in die Hände und kreischt, wir sollen ins Wohnzimmer kommen. Sie würde jetzt was singen und der Ströbele würde sie auf der Querflöte begleiten. Alle bleiben in der Küche.

Der Student aus Bielefeld spricht Angela an. Der Job als Bundeskanzler würde ihn auch interessieren und was man denn da wohl so verdienen könne. Angela nennt ihm das Nettogehalt plus Dienstaufwandsentschädigung. Der Student meint daraufhin, er habe ein Auto und wolle auch einmal im Jahr in den Urlaub fahren, er könne sich so einen Job einfach nicht leisten. Angela ist traurig und will nach Hause, aber plötzlich gibt es Tumult. Eine der vier Katzen hat in Hofreiters Zimmer in den Topf mit der südamerikanischen Lilie gepinkelt. Hofreiter tobt in tiefstem Bayrisch, dass dieses Drecksvieh keine Ahnung habe, wie viel Herzblut er in seine Doktorarbeit über diese Pflanze gesteckt habe. Er hat Tränen in den Augen. Angela tröstet ihn. Die nächsten zwei Stunden sitzen wir mit ihm auf dem Hochbett in seinem Zimmer und lesen seine Doktorarbeit über die infragenerische Gattung der Bomarea. Angela, Hofreiter und ich diskutieren angeregt. Ströbele schaut kurz herein und fragt, ob wir einen Fünfer hätten, er gehe noch mal zum Späti, Bier holen.

Erst am frühen Morgen verabschieden wir uns vom »Toni«, wie wir ihn jetzt nennen dürfen. Hofreiter hat uns noch den Couscous-Salat von Katrin Göring-Eckardt mitgegeben. Wir kippen ihn in den Garten. Ich bin beeindruckt von Angelas Lockerheit. Der Toni und die Angela, das wäre sicher eine gute Koalition. Vielleicht schreiben wir ja mal eine gemeinsame Doktorarbeit.

21.01.2017

Happy Bunker-Birthday

Angela hat einen Zettel mit Koordinaten zugestellt bekommen. Sie ahnt, dass dort wahrscheinlich ein Baum steht, in dessen Astloch ein chiffrierter Text liegt. So ist es jedes Jahr, wenn Thomas de Maizière zu seinem Geburtstag einlädt. Und so ist es auch dieses Mal.

De Maizière feiert heute in einer unterirdischen Bunkeranlage, die im Zweiten Weltkrieg dem Bau von V2-Raketen diente. Dort habe er, laut Einladungstext, einen kleinen Raum beheizt. Das halte er für radikalen Optimismus. Die genaue Angabe der Räumlichkeit in dem Tunnellabyrinth würde sich stündlich ändern, um ungebetene Gäste fernzuhalten. Es gebe nämlich nur eine Kiste mit Getränken. Auf jeden Fall würde er sich auf uns »feuen«. Das Wort »freuen« vermeide er, hat er Angela mal erklärt. Das habe er schon als Kind für radikalen Optimismus gehalten.

Wir werden an der Stahltür zum Bunker freundlich, aber professionell empfangen, und die Abgabe unserer Fingerabdrücke verläuft reibungslos. Nur als Angela beim Iris-Scan durchfällt, weil der Computer sie für Hannelore Kraft hält, gibt es kurzzeitige Spannungen. Da die Röntgenaufnahmen bei uns keine Metallgegenstände zeigen, dürfen wir rasch durch die Sicherheitsschleuse in den Partybereich. Es ist ein viereckiger Raum aus unverputztem Beton, von Neonröhren festlich erleuchtet. Außer uns gibt es noch weitere zwei Gäste. Thomas' Cousin Lothar de Maizière und ein SEK-Mann. Eine Bundeswehrkapelle spielt die Nationalhymne. Als Angela sagt, das sei bei ihrer

Ankunft doch nicht nötig, meint der Türsteher, die Kapelle würde dieses Lied die ganze Zeit spielen. Der Innenminister habe sich das gewünscht.

Ich gratuliere ihm zum Geburtstag, und er gibt mir die Hand. Ich darf sie behalten. Er hat für jeden Gast eine dabei. Natürlich aus Kunststoff. De Maizière sagt immer, seine eigenen Fingerabdrücke irgendwo zu hinterlassen sei schon der halbe Weg in die Kriminalität.

Lothar de Maizière, immerhin der letzte Ministerpräsident der DDR, umarmt Angela herzlich und lispelt, er wäre ihr, auch im Namen seiner Familie, für immer dankbar, dass sie sich jetzt um den Thomas kümmere. Es gibt einen lauten Knall. Der SEK-Mann hat ein Geschenk gesprengt, das man keinem Gast mehr zuordnen konnte. Wir schenken de Maizière einen USB-Stick, den hatte er sich gewünscht. Er sagt, er »feue« sich, denn damit könne er zwischenzeitlich sein Gedächtnis auslagern. Ich weiß nicht, ob er das nur im übertragenen Sinne meint. Ich frage nach dem Weg zur Toilette. Er erwidert, ein Teil seiner Antwort könne mich verunsichern. Ich beschließe, einzuhalten. Nach etwa zwei Stunden werden wir wieder freigelassen.

Zu Hause gehen wir beide schnell auf die Toilette und essen danach mehrere Portionen Apfelstrudel. Die Bedrohungslage in Deutschland hat sich etwas entspannt. De Maizière feiert nämlich erst nächstes Jahr wieder Geburtstag.

— — —

`Falko Büchse Erdarbeiten GbR`
`Haus 14`
`17268 Hohenwalde`
`per Mail: Lochfix2012@web.de`
`Betreff: Anfrage Aushub`

Sehr geehrter Herr Büchse,
Nachbarn unseres Ferienhauses haben Sie mir empfohlen für einen Auftrag. Unsere »Datsche« (ich würde sagen: Ferienhaus), die bei Ihnen im Ort liegt, verfügt bisher über kein eigenes Schwimmbad. Dies würde ich gerne ändern, als Überraschung für meine Frau, die Bundeskanzlerin der Bundesrepublik Deutschland. Was wir bräuchten, wäre ein rechteckiges Loch, eine Einstiegsleiter und ein paar Fliesen. Wäre das für Sie machbar?
Mit nachbarschaftlichem Gruß, Joachim Sauer

`Re:Re: Anfrage Aushub`
Lieber Herr Büchse,
gerne können wir uns am Wochenende treffen, ich komme sowieso mal raus. Auf Ihren »Selbstgebrannten« bin ich natürlich auch gespannt! Grüße, J. Sauer

`Fw:Re:Re: Anfrage Aushub`
Lieber Falko, unser Treffen fand ich sehr nett! Es tut mir leid, dass Sie meinen mitgebrachten Institutsgeist nicht vertragen haben. Wir destillieren ihn mit den Studenten im Labor selbst … Ihr Heidelbeerschnaps ist jedenfalls sehr gut! Ihre Ideen für das Schwimmbad klingen toll! Bitte um

schriftliches Angebot, dann machen wir das fest. Grüße Joachim

`Fw:Fw:Re:Re: Anfrage Aushub`

Lieber Falko, vielen Dank für das Angebot. Nun stelle ich leider doch fest, dass das ganze Unternehmen vielleicht etwas zu kostspielig wird. Möglicherweise können wir hier und da kürzen? Wenn wir die Beckenlänge etwa von 10 auf 6 Meter reduzieren (oder 4?), und die Tiefe von 2 auf 1,20? Dann könnten Sie Ihren kleinen Bagger benutzen und müssten nicht den »Atlas 340LC« aus Berlin kommen lassen (der mit 35 Tonnen Gewicht sowieso etwas problematisch für unseren kleinen Garten erscheint). Zu den vorgeschlagenen Fliesen: Natürlich wäre ein Bisazza-Mosaik mit Goldeinlage toll, aber für unsere Ansprüche täten es sicher auch die hellblauen Standardfliesen im Zehnerformat, die gerade bei Ibo im Angebot sind. Würden Sie auf dieser Grundlage noch mal kalkulieren?

`Fw:Fw:Fw:Re:Re: Anfrage Aushub`

Verehrte Frau Büchse, es ist bedauerlich, dass Ihr Chef (respektive Ehemann) keine Zeit hat für ein Telefonat mit mir. Es geht um das Loch. Ich hätte da jetzt noch eine Möglichkeit zum Sparen gefunden. Ein Kollege meiner Frau, Herr Kretschmann, empfiehlt einen Handwerker namens Giovanni, der bei ihm zu Hause alles repariert. Problem: Der müsste aus Sigmaringen jeweils extra anreisen – ist aber dafür vom Stundenlohn her sehr genügsam. Könnte Ihr Mann mit Herrn Giovanni zusammenarbeiten?

`Fw:Fw:Fw:Fw:Re:Re: Anfrage Aushub`

Liebe Frau Büchse, ja, Sigmaringen liegt in Baden-Württemberg, das ist one-way etwas über 800 Kilometer. Kriegt man so einen Pool an einem Tag gebaut? Oder müsste Herr Giovanni dann öfter fahren? Was meint Ihr Mann?

`Fw:Fw:Fw:Fw:Fw:Re:Re: Anfrage Aushub`

Werte Eheleute Büchse, natürlich habe ich Verständnis dafür, dass Sie wegen terminlicher Schwierigkeiten unseren Pool nicht anlegen können. Vielleicht ergibt sich ja ein andermal eine Zusammenarbeit! Mit herzlichem Gruß, Sauer

`An: giovanni@webmail.de`

`Betr: Aushub Schwimmbecken`

Mio caro Signore Giovanni! Packen Sie den Spaten ein, es geht los! Wann können Sie da sein? Ich werde Ihnen natürlich zur Hand gehen!
Cloridato! Il Vostro, Sauer

`Re:Re:Betr: Aushub Schwimmbecken`

Lieber Giovanni, nichts für ungut, ich hatte im Wörterbuch falsch geschaut. Es muss natürlich nicht cloridato heißen, sondern: Cordialità! Gioachino Sauer
PS: Cloridato wäre auf Deutsch Hydrochlorid, übrigens eine hochinteressante Chemikalie – und, sehr lustig: Hypochlorit klingt ja ganz ähnlich! Und das wiederum sorgt im Schwimmbad für die Reinhaltung des Wassers! Damit

sind wir schon wieder beim Thema. Haha! Cordialità, dein Joachim
PPS: Nicht Dottore Sauer, sondern Professore, so viel Zeit muss bitte sein.

`Fw:Re:Re:Betr: Aushub Schwimmbecken`
Hallo Giovanni, hoffentlich bist du gut wieder zu Hause angekommen. Das war ein anstrengendes Wochenende, aber ich denke, wir haben beide viel gelernt: Zunächst mal werde ich nicht mehr in Maß-Halbschuhen im Garten arbeiten, wenigstens nicht bei Nieselregen. Zweitens war die Geologie unseres Grundstücks hochinteressant. Wer hätte gedacht, dass der Boden so hart sein würde (trotz des Nieselregens)? Amigo, ich muss dir meine Hochachtung aussprechen: Wir haben, vor allem dank deiner Kraft und Geschicklichkeit, viel geschafft! Klasse!
Cordialità, dein Professore (und tanti saluti an Herrn Kretschmann!)

`Fw:Fw:Fw:Fw:Fw:Fw:Re:Re: Anfrage Aushub`
Liebe Frau Büchse, von Nachbarn unserer Datsche erfuhr ich, dass Sie nebenbei Goldfische züchten. Würden Sie mir drei oder vier verkaufen? Wir haben einen ganz neuen kleinen Teich (60x80 cm bei 50 cm Tiefe) und würden ihn gerne etwas beleben! Viele Grüße, Ihr J. Sauer in Berlin

– – –

24.01.2017

Atemlos durch den Gauck

Angela hat eine gute und eine schlechte Nachricht für mich. Die schlechte ist, Joachim Gauck hat heute Geburtstag, die gute ist, es ist sein letzter als Bundespräsident. Ich solle mir doch einen Ruck geben und mitkommen.

Der Festsaal des Schlosses Bellevue ist aufwendig gestaltet. Es gibt einen Altar und dahinter eine Kanzel. Auf dem Altar liegen Blumengebinde, davor stehen große Fotos von Gauck. Mitten in diesem Arrangement liegt Geburtstagskind Gauck selbst, mit gefalteten Händen. Gauck habe wohl mal gesagt, auf Beerdigungen sei er am besten.

Christian Wulff kommt fröhlich auf uns zu. Er habe einen Groupon für die Veranstaltung, inklusive einem kostenlosen Begrüßungsgetränk, und das müsse man ja wohl mitnehmen. Außerdem könne seine Frau Bettina ihre selbstdesignte Schmuckkollektion hier präsentieren.

Wir gehen schnell zu unserem Platz an der langen Tafel.

Zunächst singen die Wiener Sängerknaben das »Ave Maria«. Gauck erhebt sich wie Kinski in Nosferatu und betritt die Kanzel und predigt die Speisefolge des Festmenüs. Dann singen die Regensburger Domspatzen »Gloria«. Als Vorspeise gibt's einen gelben Schaum mit Kräuterblättern. Es schmeckt nach Fischstäbchen mit Eukalyptusbonbon.

Links neben mir sitzt eine blonde, ganz attraktive Frau, die ich meine kürzlich in Angelas Kabinett gesehen zu haben. Ich glaube, als Familienministerin. Ich frage sie, wie Angela denn so als Kollegin sei, aber die Frau antwortet, sie habe Angela noch nicht singen gehört. Dann wird sie angekündigt. Sie heißt anscheinend Fischer, ist Sängerin und singt einen Schlager. Der seltsame Refrain geht »Atemlos durch den Gauck«. Und alle klatschen mit. Ich frage die Frau Fischer hinterher, was der Text bedeuten solle, aber sie meint nur, der sei zu diesem Anlass umgeschrieben worden. Ihr sei es egal, sie würde halt singen, was Geld bringt. Dabei sieht sie etwas müde und resigniert aus. Sie könnte glatt Politikerin sein. Angela kennt die Frau Fischer auch nicht, meint aber, man höre sie in Kaufhäusern oft mit Weihnachtsliedern.

Der Hauptgang wird serviert. Gauck predigt von seiner Kanzel, das Gericht nenne er »Deutsch-polnische Freundschaft«. Es ist in Streifen geschnittener polnischer Rinderpansen mit einer Berliner Currywurst. Angela und ich essen nur wenig davon. Der Tölzer Knabenchor singt jetzt »Dies Irae«.

Horst Köhler kommt zu uns herüber. Angela kann nicht vermeiden, ihn zu begrüßen. Seine weibliche Begleitung stellt sich als seine Ärztin vor. Köhler mache große Fortschritte, meint sie, und ein Abend unter Menschen sei ein wichtiger erster Schritt.

Wir sind froh, dass jetzt die Nachspeise serviert wird. Apfelstrudel. Angela und ich langen ordentlich zu, wir haben mittlerweile richtig Hunger.

Jetzt darf wohl getanzt werden. Die Schöneberger Sängerknaben singen »Bolle reiste jüngst zu Pfingsten«.

Angela verabschiedet sich von Joachim Gauck und bedankt sich. Auf dem Parkplatz hinter Bellevue fahren die Busse mit den Knabenchören ab.

Zu Hause wärmt Angela uns Königsberger Klopse mit

Kartoffeln auf. Ich frage sie, was sie vom Steinmeier als neuem Bundespräsidenten erwartet. Sie antwortet, dass er nicht so sei wie die letzten drei. In ihren vagen Aussagen kann Angela manchmal ganz konkret sein.

– – –

25.01.2017

Der Wahlkampfsong

Angela braucht einen Wahlkampfsong. »Angie« darf sie nicht mehr benutzen, seit die Rolling Stones herausgefunden haben, dass Angela zu jung ist, um ein wirklicher Fan zu sein.

Es gab vor Wochen schon eine Sitzung mit ihrem Wahlkampfteam. Angela meinte, man müsse etwas Fetziges finden, in dem das Wort Mutti vorkommt. Das stellte sich als schwierig heraus. Volker Kauder schlug »Mama« von Heintje vor, Angela empfahl ihm, ein bisschen an die frische Luft zu gehen. Man beschloss einstimmig, Angela ein eigenes Lied zu schreiben.

Peter Altmaier hat eine Woche lang an einem Text gearbeitet. »Mit Mutti ist alles Tutti Frutti«, lautet die erste Zeile. Weiter ist er noch nicht.

Heiko Maas schlägt vor, dass Angela ab jetzt die zweite Silbe ihres Namens betont. AnGEla würde sich nämlich auf »Wähler« reimen. Angela lehnt ab. Ihre Wählerzielgruppe würde nicht wollen, dass sich irgendetwas ändert.

Horst Seehofer schlägt vor, den Text auf Bayrisch zu verfassen. Da würde sich alles irgendwie reimen, wenn man die dritte Maß getrunken habe. Alle sind dagegen.

Christian Schmidt fragt Angela, wer das Lied überhaupt singen solle, und Angela fragt Christian Schmidt, wer er überhaupt sei. Horst Seehofer vermutet, Schmidt sei der Landwirtschaftsminister.

Ursula von der Leyen schlägt als Sänger Herbert Grönemeyer vor. Den würden alle mögen und man würde bei ihm den Text sowieso nicht verstehen. Alle finden die Idee gut. Angela ruft ihn an. Sie spricht ungefähr eine Stunde mit ihm. Als sie auflegt, fragt Seibert, ob Grönemeyer die Aufgabe übernehmen werde. Angela sagt, sie wisse es nicht, sie habe kein Wort verstanden.

Man beschließt abzuwarten, ob Grönemeyer von sich hören lasse. So lange solle Altmaier an seinem Tutti-Frutti-Text weiterarbeiten.

— — —

26.01.2017

Mottoparty bei Erdogan

Angela ist heute Morgen richtig gereizt. Sie muss dem türkischen Präsidenten Erdogan zum Geburtstag gratulieren. Das ist nicht einfach für sie. Was Angela nach einer halben Flasche Weißwein über Erdogan sagt, dafür würde sie sogar von der kurdischen PKK verklagt werden. Sie sagt immer, Erdogan wüsste gar nicht, wie froh er sein kann, dass sie ihn noch brauche. Dasselbe sagt er sicher auch über sie.

Steffen Seibert hat Angela tatsächlich vorgeschlagen, er könne ja ein Geburtstagsgedicht schreiben. Manchmal bekommt der Seibert irgendwie nicht viel mit. Am Frühstückstisch bekommt Angela einen Anruf von Präsident Hollande. Der erzählt in holperigem Deutsch, er sei gerade auf dem Weg nach Istanbul. Erdogan habe nämlich im TV angekündet, alle Flüchtlinge nach Europa zu schicken. Es sei denn, die Staatsoberhäupter würden zu seiner Geburtstagsfeier kommen. So weit klingt das nach normaler Erdogan-Logik. Aber dann der fatale Nachsatz: Das Motto der Geburtstagsparty sei »Harem«. Angela rast vor Wut, wir müssen aber hin.

Die Feier findet im prächtigen Präsidentenpalast statt. Ich trage meinen schwarzen Anzug mit Fliege, dazu einen blauen Turban. Präsident Hollande kommt als der kleine Muck. Der griechische Premierminister Alexis Tsipras trägt ein Schlangenbeschwörer-Kostüm. Auf seiner Gummischlange steht EU. Der Mann hat wenigstens Humor. Nur die polnische Ministerpräsidentin Beata Szydlo fehlt. Unter ihren Amtskollegen seien ihr zu viele Ausländer, hat sie mitteilen lassen.

Haremswächter in schwarzem Blazer mit goldenen Sternen ist Angela. Sie trägt in der breiten roten Schärpe einen Krummsäbel. Ich halte das bei ihrer momentanen Laune für sehr riskant.

Dann wird das Geburtstagskind auf einem riesigen Thron hereingetragen. Allein Erdogans Sultansrobe mit den Diamanten kostet bestimmt mindestens eine Million Euro, meint Tsipras. Und wenn der Kosten schätzt, sind die in Wirklichkeit meist zehnmal so hoch. Erdogan nickt uns mit seinem riesigen goldenen Turban zu und sagt irgendetwas auf Türkisch. Man erklärt uns, wir dürften ihm jetzt unsere Geschenke darbieten. Von Tsipras bekommt Erdogan einen Bildband über sich selbst. Von Hollande eine Gipsbüste von sich selbst. Wir schenken ihm einen Globus. Erdogan wirft ihn wütend zu Boden. Die Türkei sei viel zu klein abgebildet. Und wo überhaupt sei er selbst darauf zu sehen?

Er beendet die Party durch seine Polizei. Wir werden nach Deutschland abgeschoben. Am nächsten Tag schreiben die türkischen Zeitungen, alle Gäste seien begeistert gewesen von Erdogans Gastfreundschaft. Der Artikel wurde vor einer Woche geschrieben.

Angela schwört, sie würde nie wieder Erdogan besuchen. Es sei denn, Syrien sei immer noch sein Nachbarland und sie brauche ihn deshalb noch. Sie erkundigt sich beim geologischen Landesamt nach einer möglicherweise bevorstehenden Kontinentalplattenverschiebung. Die Antwort behält sie für sich.

– – –

31.01.2017

Besuch bei Steinmeier

Wir sind heute Abend mal wieder bei Außenminister Steinmeier eingeladen. Angela ruft ihn lieber vorher noch mal an, um zu prüfen, ob er denn diesmal auch da sei. Steinmeier erklärt in Diplomatendeutsch, dass er dem Treffen freudig entgegensehe, und fragt, ob es uns etwas ausmache, nach

Damaskus zu kommen. Der Kanzlerin macht es etwas aus, und Steinmeier fliegt zurück nach Berlin.

Steinmeiers Bungalow ist leicht zu finden. Auf dem Dach steht immer ein laut dröhnender, abflugbereiter Helikopter. Anders sei der Job nicht zu schaffen, hat Steinmeier mal erzählt. Außerdem könne man mit dem Heli auch gut die Hecken schneiden, wenn in der Ukraine mal nichts los sei. Steinmeier empfängt uns unter einem Hemingway-Porträt auf einem Rattanstuhl. Zwischen einer zerschossenen Mülltonne, die ihm in Afghanistan mal das Leben gerettet habe, und etwas, das ich für eine bepflanzte kleine Indianerstatue halte, setzen wir uns auf Flugzeugsitze. Business Class. Als Aperitif gibt es Tomatensaft. Angela erschrickt, denn die bepflanzte kleine Indianerstatue sagt plötzlich, er sei der amtierende König der Maori und habe der Königin von Deutschland auch einen Pflanzenhut mitgebracht. Angela antwortet, sie fände den Hut eigentlich ganz praktisch, wenn sie bedenke, wie viel Geld sie immer beim Udo Waltz ausgebe. Die beiden verstehen sich gut.

Dann rollt Steinmeier auf einem Lufthansa-Wägelchen Essen herein. Wir können wählen zwischen Pasta und Chicken. Steinmeier sagt entschuldigend, seine Frau habe kochen wollen, wäre aber grad auf dem Weg nach Damaskus, um ihm sein Frühstücksbrot zu bringen.

Das Gespräch zieht sich. Als Angela erwähnt, dass ich Chemiker bin, referiert Steinmeier zwei Stunden über die schwierige Chemie im deutsch-russischen Verhältnis. Als ich erwähne, dass wir im Urlaub auf Ischia gewesen sind, zeigt er mir auf der Weltkarte hinter ihm, in welcher Entfernung von Ischia aus die Nato-Manöver der 90er Jahre stattgefunden haben. Ich werde müde. Aber

Angela amüsiert sich prächtig. Sie isst immer wieder komische kleine Trauben aus ihrem Pflanzenhut und spielt mit dem Maori-König Kniffel mit Würfeln aus Knochen. Dann klingelt Steinmeiers Telefon. Gott sei Dank ruft der türkische Präsident Erdogan an und fragt wütend, ob das Gedicht auf der Toilettentür des Präsidentenpalasts von Steinmeier sei. Während Steinmeier sein Dementi vorträgt, verabschieden wir uns und fahren.

Zu Hause im Bett sagt Angela mir gutgelaunt, sie genieße solche weltoffenen Abende. Ich will das Licht ausmachen, aber der Maori-König möchte noch weiterwürfeln. Ich schlafe erschöpft ein.

– – –

O zwei, du, mein Sauerstoff!
Mit dir hab ich niemals Zoff,
denn Ne und He und CH vier
atme ich so gern mit dir!
Das Argon und das Stickstoffgas
zum Mund hinein, raus durch die Nas',
du hast mir immer gutgetan
mein Tri-Chlorid-Fluor-Methan,
mein CO_2*, mein du-und-ich!*
Angie, du bist Luft für mich!

– – –

01.02.2017

Im Wintergarten

Angela hat in der Zeitschrift »Landliebe« gelesen, dass Gartenarbeit entspannen würde. Nach einer Unionssitzung mit viel Kritik an ihr ist Angela derartig geladen, dass sie das heute unbedingt ausprobieren will. Nun ist der Winter für Gartenarbeit nicht gerade günstig. Das hat ihr auch Volker Kauder gesagt, aber Angela macht grundsätzlich das Gegenteil von dem, was die CDU will.

Eine Zeitlang hackt sie mit dem Spaten auf dem gefrorenen Boden herum. Dabei macht sie das Gesicht, das ich von ihr kenne, wenn sie mit Ungarn über die Aufnahme von Flüchtlingen verhandelt. Entschlossen, aber ohne Hoffnung. Schließlich findet sie eine gefrorene kleine Kartoffel. Sie hält sich selbst eine Grundsatzrede, in der sie betont, dass erste Erfolge zeigen würden, dass man auf dem richtigen Weg sei. Jetzt will sie Äpfel ernten, und ich verweise vorsichtig auf die kahlen Bäume. Angela schaut mich zornig an und meint, als Kanzlerin müsse sie ständig mit Dingen arbeiten, die nicht da sind. Sie appelliere schließlich auch an die Innovationsbereitschaft der Autoindustrie. Ihr Gesicht ist von der Kälte schon ganz blau. Ich mache mir Sorgen um sie.

Jetzt holt sie die Gießkanne. Im Schneeregen gießt sie ein gefrorenes Beet und blickt mich zornig an. Niemand solle mehr behaupten, sie würde erst reagieren, wenn es zu spät sei. Dann stellt sie auch noch den Grill auf. Eine Feldmaus schreckt aus ihrem Winterschlaf, springt aus dem Grill und flieht.

Ich hole Angela einen Tee. Als ich wiederkomme, hat sie die Gartenmöbel aus der Garage geschleppt, abgedeckt und sitzt auf einem Liegestuhl im Schnee. Offensichtlich hat sie beschlossen, die Kälte auszusitzen. Sie meint, wissenschaftlich gesehen würde die Sonne immer scheinen, auch wenn manchmal halt dichte Wolken davor wären. Sie möchte jetzt einen gut gekühlten Prosecco.

Ich sage das nicht oft, aber vielleicht sollte sie manchmal doch auf die CDU hören.

– – –

02.02.2017

Beim Toni zu Haus

Der »Toni« hat heute Geburtstag. So dürfen wir Anton Hofreiter seit seiner WG-Party mittlerweile nennen. Toni feiert aber nicht in der WG. Wegen der Nachbarn, meint er. Er feiere, wie er sagt, zu Hause. Ich vermute, er hat noch eine Zweitwohnung, aber ich irre mich.

Das Haus von Hofreiters Eltern steht in einem gepflegten Münchner Vorort. An der Haustür hängt ein geflochtener Kranz mit dem Schriftzug: »Servus beinand«. Auf unser Klingeln hin öffnet Hofreiter die Tür und bittet uns, die Schuhe auszuziehen. Nicht seinetwegen, wie er betont, sondern wegen der Mama. Hofreiters Eltern sitzen im Wohnzimmer auf der breiten Lodencouch. Frau Hofreiter begrüßt uns herzlich und stellt mir einen Krug Bier auf den gekachelten Couchtisch. Angela bekommt einen Sherry.

Den guten, wie Frau Hofreiter betont. Wir werden gebeten, uns auch auf die Couch zu setzen, damit wir Herrn Hofreiter nicht die Sicht versperren. Er schaut Fußball.

Frau Hofreiter sagt unvermittelt, der Toni sei ja eigentlich ein guter Junge, auch wenn er bei den Kommunisten sei, aber diese langen Haare, dafür würde sie sich doch schämen. Wir schweigen eine Weile. Anton bläst jetzt die Kerzen auf seiner Geburtstagstorte aus. Toni würde von der Torte ja nichts nehmen, meint Frau Hofreiter, der könne ja nur Dinkel essen. Toni widerspricht, es ginge nicht ums Können, es ginge um vegane Ernährung. Frau Hofreiter antwortet, er solle lieber mal zum Friseur gehen. Angela fragt jetzt vorsichtig, wann denn die anderen Gäste kämen. Anton meint, viele hätten abgesagt. Claudia Roth hätte gerade kein Geld für die Bahnfahrt gehabt, Katrin Göring-Eckardt wäre nur gekommen, wenn die Claudia auch da wäre, und der Ströbele sei von Berlin aus mit dem Fahrrad unterwegs und würde vermutlich erst übermorgen ankommen. Frau Hofreiter meint, der Ströbele habe wenigstens eine ordentliche Frisur.

Angela überreicht unser Geschenk. Ich habe einen Pflanzendünger selbst angerührt. Phosphatfrei. Der promovierte Botaniker Toni freut sich sehr. Plötzlich fragt Herr Hofreiter Angela, ob sie auch bei den Kommunisten sei. Angela erklärt verdutzt, sie sei Bundeskanzlerin und CDU-Vorsitzende. Herr Hofreiter meint, das meine er ja. Die Kommunisten, die all die Flüchtlinge ins Land lassen würden. Bei ihnen im Ort gäb's jetzt sogar einen Türken, der habe einen Dönerladen aufgemacht, ganz respektlos, nur einen Kilometer entfernt von der Kirche. Der Toni verteidigt Angelas Flüchtlingspolitik leidenschaftlich. Frau

Hofreiter weint plötzlich, und Angela tröstet sie. Es geht wohl wieder um die Haare. Es ist mittlerweile fast 9 Uhr, und wir müssen los. Im Auto unterhalten wir uns über den Toni. Angela meint, aus dem Toni, da würde noch mal etwas werden. Und das mit den Haaren, das hätte der Udo Waltz bei ihr ja am Ende auch in den Griff bekommen.

– – –

06.02.2017

Essen mit de Maizière

Es ist wieder Pressekonferenz. Das Thema: Gefährdungssituation in Deutschland. Thomas de Maizière stellt sich an den Platz am Konferenztisch. Er kann seine Beine nicht abwinkeln, deswegen ist im Boden ein kleiner Fahrstuhl eingelassen, mit dem man ihn auf Tischhöhe herunterfahren kann. Dann sieht es zumindest für die Zuschauer so aus, als würde er sitzen. Aus einem Hohlraum an seinem Körper holt er dann meist eine Deutschlandfahne oder einen Bundesadler heraus und hängt ihn hinter sich. Dann kann er sich entspannen.

Angela mag Thomas de Maizière. Es gibt mit ihm halt nie Probleme auf menschlicher Ebene. Er hat sie nach ihrem Fauxpas mit dem weinenden Flüchtlingsmädchen mal gefragt, was Tränen wären. Angela hat es ihm geduldig erklärt.

Nach der Konferenz, welche die Bevölkerung wieder zufriedenstellend beunruhigt hat, lädt Angela ihn ins

Borchardt ein. Er geht selten aus, deswegen sagt er bei der Bestellung einfach nur »ein Getränk«. Damit meint de Maizière Wasser, weiß Angela. Als sie einmal zur Toilette muss, beobachte ich, wie er sein Wasser heimlich in einen Blumenkübel schüttet. Vielleicht aus Angst vor einem Giftanschlag, vielleicht verträgt aber auch sein Mundraum keine Feuchtigkeit. Einmal, so hat Angela erzählt, hatte de Maizière während einer nächtlichen Krisensitzung wohl mal ein Ladekabel zwischen den Lippen. Aber so etwas thematisiert man natürlich nicht. Am Ende des Abends sagt Angela zu ihm, sie fände es überfällig, dass er uns endlich mal zu Hause besuche. De Maizière antwortet, er fände es bei uns sehr gemütlich. Ich bin immer wieder erstaunt, dass Angela vor ihm keine Angst hat.

– – –

Lieber Bolek,
zusätzlich zur normalen Inspektion bitte ich um Folgendes:
1.) Beim Auffüllen des Scheibenwaschwassers bitte nicht wieder diesen Duftzusatz mit hineingeben. (Oder bitte aufschreiben, wie der Duft heißt. Ich bin deshalb schon zweimal an Ampeln von jungen Damen nach dem Namen meines Aftershaves gefragt worden und weiß dann immer nicht, was ich sagen soll.)
2.) Jemand hat hinten einen Aufkleber angebracht: »Meine Alte: Naiv für Deutschland«. Diesen bitte vorsichtig entfernen. (Achtung: Der andere Aufkleber »My other car is Air Force One« soll bleiben!)

3.) Die Bremsen quietschen schrecklich. Ich mag deshalb schon kaum mehr bremsen! Bitte nachschauen.
4.) Zwei kleinere Dellen im vorderen Stoßfänger bitte ausbeulen. (Die haben auch mit Punkt 3 zu tun ...)
5.) Angela hat an den Navi-Einstellungen gespielt. Die Ansagen kommen jetzt mit der Stimme von Jogi Löw! Auf Schwäbisch! Bitte wieder umprogrammieren. Wenn vorhanden: Stimme von Julia Klöckner!
6.) Herr Obama hat neulich beim Staatsbesuch eine Micro-SD-Karte mit geheimen Daten verloren. Möglicherweise im Auto. Anscheinend handelt es sich um die Atomcodes, die sein Nachfolger nun benötigt. Es winken 5 Dollar Finderlohn!
Herzliche Grüße, J. Sauer

PS: Gute Nachricht: Diesmal habe ich keinen Mangel versteckt, weil ich nicht mehr ehrenamtlich für den ADAC-Werkstättentest arbeite!

— — —

10.02.2017

Kochen mit Freunden

Angela hat in der Brigitte gelesen, dass Kochen mit Freunden gerade im Trend ist. Angela hat eigentlich keine Zeit, im Trend zu sein, aber es hilft im Wahlkampf, und beim Kochen mit Freunden bekäme man wenigstens hinterher was zu essen, sagt sie. Ich wage es, Angela zu fragen, woher sie denn die Freunde nehmen wolle. Sie erwidert gereizt, da gäbe es eine Menge Leute, die ich noch gar nicht kennen würde.

Am Abend steht Mutti in der Küche. Sie hat ihren Blazer als Kochschürze umgebunden. Nacheinander kommen die »Freunde«. Es sind Sigmar Gabriel, Joachim Gauck und eine gewisse Gitti, mit der Angela zur Grundschule in Templin gegangen ist.

Angela beugt sich unter das Licht der Abzugshaube und gibt eine Erklärung ab: Der Ausgang des Kochens sei ergebnisoffen und sie hoffe auf weitere Treffen in freundschaftlicher Atmosphäre zur Sondierung der gemeinsamen Kochkünste. Gitti lacht. Sie hält das für einen Scherz. Sie kennt Angela offenbar schlecht. Sigmar Gabriel hat Schweineschmalz mitgebracht, aber das mag keiner. Gabriel ist beleidigt. Angela entscheidet sich als Gericht für Kartoffelsuppe, das mag auch keiner, wird natürlich aber gemacht. Gabriel geht beleidigt nach Hause. Dann wirft Joachim Gauck Krabben in den Topf, die er von seinem letzten Empfang noch in der Jackett-Tasche hatte, und Gitti holt sechs Flaschen Rotkäppchensekt aus ihrem Koffer. Wir vier Ossis stoßen an. Sechs Flaschen später knabbern wir die rohen Kartoffelscheiben, und Gitti fragt Angela, was sie eigentlich heute so mache. Gauck meint, man bekäme die Menschen halt raus aus dem Osten, aber nicht den Osten raus aus den Menschen. Wir müssen alle sehr lachen.

– – –

Mix Tape (2011) für Angela

Seite 1
Angie – The Rolling Stones
Wenn ein Mensch – Puhdies (Thomanerchor-Version)
Moskau – Dschingis Khan (Live in Hosena 1992)
Über 7 Brücken – Karat (Live in Glienicke)
Mutti – Keimzeit
Farbfilm – Nina Hagen
Wind of Change – Scorpions (Bootleg 1989)
Stereo-Tondokumente: 5 berühmte Laborexplosionen
#
Seite 2
Je t'aime – Gainsbourg
(+ Radionachrichten vom 12.9.2010 wegen def. Pausentaste)
Walkürenritt – Wagner (Die Walküre 3. Akt, Bayreuth)
Großes Gebet der alten Kommunistin – Wolf Biermann
Volkslieder-Medley – Kinderchor von der Leyen
Auf der Wiese – Veronika Fischer (Karaokeversion)
MfG – Die Fantastischen Vier (Karaokeversion)
Edmund Stoibers schönste Versprecher – Heute Show

– – –

15.02.2017

Valentinstag

Gestern war Valentinstag. Letztes Jahr habe ich Angela einen Blumenstrauß ins Büro geschickt, aber ihre Büroleiterin Beate Baumann dachte angeblich, der sei für sie. Mit zweitem Vornamen würde sie nämlich auch »Angela« heißen, behauptete sie. Letztes Jahr habe ich Angela Pralinen ins Büro geschickt, die hat sie weitergegeben, aber es fehlte die Hälfte der Schokolade. Falls ich vorgehabt hätte, Angela zu vergiften. Man wisse ja nie. Da habe sie sich halt geopfert, behauptete sie. Ich mag sie nicht.

Dieses Mal will ich mit der Valentinstags-Überraschung warten, bis Angela nach Hause kommt. Ich habe aus Marzipanherzen ein Atommodell gebastelt. Dazu eine Karte mit dem Namen ihres Lieblingsphysikers Niels Bohr. Anstelle des Buchstabens O habe ich einen schlichten silbernen Ring aufgeklebt. Wir hatten ja nie Verlobungsringe. Angela ruft an. Sie käme heute später. Der amerikanische Präsident habe sich wohl geprügelt und jetzt warte man auf eine Nachricht, wie es ihm gehe. Gegen 21 Uhr kommt sie. Sie telefoniert mit Steffen Seibert und sieht mein Geschenk gar nicht. Angela sagt genervt, dass man natürlich mit einem Statement reagieren müsse, wenn der amerikanische Präsident eine alte Frau verprügle. Das stünde nicht im Einklang mit den europäischen Grundwerten. Man einigt sich darauf, die Nachrichtenentwicklung abzuwarten. Angela wirft einen flüchtigen Blick auf mein Atommodell und sagt gereizt, ich hätte ja wenigstens mal aufräumen können, wenn sie schon so lange arbeite. Ich will ihr gerade antworten, da klingelt ihr Handy wieder. Angela fragt Steffen Seibert, ob man denn diese Meryl Streep kenne und ob sie im Krankenhaus sei. Seibert will bis zum Morgen handfeste Fakten liefern.

Endlich ist Zeit. Ich erkläre Angela mein Geschenk. Sie ist sehr gerührt und küsst mich. Wir trinken noch ein Gläschen Weißwein. Dann gehen wir verliebt zu Bett.

Dann klingelt ihr Telefon noch einmal. Seibert sagt, er habe jetzt verlässliche CIA-Informationen. Alles sei anders. Eine Schauspielerin namens Meryl Streep habe den Präsidenten verprügelt, nachdem er sie begrabschen wollte. Trump läge wohl mit einem Kieferbruch im Krankenhaus. Der Vorfall solle geheim bleiben. Angela ist erleichtert, dass sich doch alles zum Guten gewendet hat. Sie lächelt mir zu, gibt mir ein Marzipanherz von meinem Atommodell und sagt, dies sei der schönste Valentinstag ihres Lebens.

— — —

Wer Liberin für Liebe hält,
der ist wohl nicht von dieser Welt!
Ist nicht, wie ich, in dich verknallt.
Ich hoffe nur, du kommst auch bald!
Grad zwitscher ich nen Tullamore
und nachher bin ich im Labor.
Dort züchte ich Silizium-Arten,
doch lass mich nicht zu lange warten!

20.02.2017

Deutschland, Gauland

Steffen Seibert rät Angela, dem AfD-Mann Alexander Gauland zum 76. Geburtstag zu gratulieren. Gerade bei männlichen rechten CDU-Wählern im Rentenalter habe er ähnliche Beliebtheitswerte wie Thilo Sarrazin. Da man Sarrazin aber akustisch nicht verstehen könne, solle Angela bei Gauland mal nachhören, wie die Stimmung bei den Konservativsten so sei.

Angela ruft ihn an. Gauland hat ein Festnetztelefon in seiner, wie er es nennt, »Reichskanzlei«. Das ist ein kleines Hinterzimmer in einem Tabakwarenladen. Er meldet sich mit »Deutschland, Gauland«. Angela fragt höflich nach, ob er denn mit der Familie feiere. Seine Familie sei sein Volk, antwortet er kurz. Ob denn wenigstens Freunde da wären, fragt Angela. Im Gegenteil, antwortet er düster, die Beatrix von Storch wäre da. Die habe sich mit ihrem Lodenmantel und ihrem Jägerhut herausgeputzt wie in einem Tingeltangelclub, schimpft er. Angela fragt vorsichtig, ob die Frauke Petry denn schon gratuliert habe. Gauland meint, sie habe ihm Blumen geschickt, Angela rät ihm, lieber nicht an denen zu riechen. Er solle sich an den Röhm-Putsch erinnern. Angela hat oft das Talent, ihren Gegnern gegenüber den richtigen Ton zu finden und sie damit gegeneinander auszuspielen. So hat sie auch die SPD ruiniert.

Angela wünscht Gauland gerade weiterhin eine gute Gesundheit, als es im Hintergrund plötzlich Tumult gibt. Beatrix von Storch hat wohl einen Fackelzug durch das Hinterzimmer begonnen und versehentlich alte Zigarrenkisten angezündet. Gauland brüllt herum, Beatrix kreischt etwas zurück, dann legt Gauland einfach auf.

Am nächsten Tag steht in der Zeitung, es habe einen Brand in einem Berliner Tabakladen gegeben. Eine Zeugin, die anonym bleiben wolle, habe wohl gesehen, dass syrische Flüchtlinge den Brand gelegt hatten. Die Zeugin habe Lodenmantel und Jägerhut getragen.

– – –

21.02.2017

Krieg mit Schäuble

Angela hat von der Baumann zu Weihnachten einen Tablett-Computer geschenkt bekommen. Fröhlich erklärt sie mir, dass ein Tablett-Computer so was ist wie ein normaler Computer, nur ohne die Tastatur und das Diskettenlaufwerk. Aber ihre gute Laune hält nur kurz. Als ich sie ein paar Tage später aus dem Büro abholen will, keift sie gerade den Altmaier an, dass er endlich mal abnehmen soll. Danach staucht sie eine Praktikantin zusammen, weil das Wetter draußen so schlecht ist. Und mir knallt sie an den Kopf, dass meine Ab-initio-Berechnungen von anorganischen Clustern völlige Zeitverschwendung wären. Sie beruhigt sich erst, als sie sieht, dass mir mal wieder die Tränen kommen. Wie so oft, wenn sie im Wahlkampf ist.

Dann erklärt sie mir, dass sie einfach auf 180 sei, weil sie mit Schäuble ein Internetspiel spielen würde. Und der Schäuble wäre bereits auf Level 27, sie aber nur auf

Level 3. Dann hat sie eine Idee! Sie schleicht sich heimlich in Schäubles Büro und rückt alle Bilderrahmen schief. Dass der Mann mit Asymmetrie nicht so kann, habe ich ja schon an Silvester 2012 gemerkt, als wir wegen ihm die Rollläden schließen mussten, weil ihn das unordentliche Feuerwerk so gestört hat. Anschließend geht Angela in den Saal der Bundespressekonferenz, knickt alle Mikrophone in die unterschiedlichsten Richtungen und verschiebt die Stühle. »Da wird der Rain Man morgen schön dumm gucken«, lacht sie.

Am nächsten Tag habe ich alles schon fast vergessen, bis ich zufällig Phoenix einschalte und Wolfgang Schäuble live in der Bundespressekonferenz dabei zuschaue, wie er immer wieder spitze Schreie ausstößt und »Counter-Strike« ruft.

Jetzt hat er zwei Wochen Zwangsurlaub und noch mehr Zeit für das Computerspiel. Angela löscht den Ordner »Staatsgeheimnisse« von ihrem Tablett und schenkt das Gerät der Praktikantin. Nicht mal wenn sie gewinnt, kann sie verlieren.

— — —

Rezension E-Book: *Titanic – das Original-Buch zum Blockbuster-Film*

★★☆☆☆ Mehr Liebesdrama als Historienfilm!
Da ich den Film im Kino verpasst habe, mich aber sehr für historische Schifffahrt interessiere, versprach das Buch eine Lücke zu füllen.

Ich habe es mir auf meinen E-Reader geladen – für die einfache Installation zwei Sterne, für den Inhalt keinen! Überwiegend wird die Geschichte eines Liebespaars erzählt (Rose und Jack), die technischen Aspekte hat der Autor dagegen vernachlässigt. Verdrängung und Länge des Schiffes, PS-Zahl, Dienstgeschwindigkeit: Fehlanzeige. Der Eisberg kommt kaum vor.
Ein anderer Titel wäre passender, vielleicht: »Rose und Jack«. Der Titel »Titanic« weckt völlig falsche Erwartungen.

– – –

23.02.2017

Weiberfastnacht

Heute Morgen kommen Angelas Kolleginnen zu uns, um sie für die Weiberfastnacht abzuholen. In Berlin spielt Karneval eigentlich keine Rolle, aber Hannelore Kraft veranstaltet jedes Jahr eine Party in der NRW-Landesvertretung. Sie habe wohl in hartem Tonfall unmissverständlich klargemacht, dass sie eben eine rheinische Frohnatur sei und alle an diesem Tag gutgelaunt zu erscheinen haben. Von der Leyen hat sich wieder als Maikäfer verkleidet. Sie trägt einen braunen Flugzeugmechaniker-Overall und hat schwarze Pfeifenreiniger auf einen Stahlhelm geklebt. Sie sagt jedes Jahr, sie fände das süß.

Ich mache Claudia Roth gerade ein Kompliment für ihre

Fruchtsalat-Verkleidung, als sie Angela fragt, ob sie mal ins Bad könne, ihr Kostüm anziehen. Ich sage lieber nichts mehr.

Angela hängt sich Feenflügel über ihren Blazer und hält einen Zauberstab. Sie geht wie jedes Jahr als Prinzessin Lillimerkel.

Claudia Roth kommt jetzt endlich aus dem Bad. Sie ist klatschnass und hat ein Paket in der Hand. Angela fragt, was sie darstellen wolle. Claudia erklärt beleidigt, das sei doch klar: Das Paket sei von Amazon und sie sei nass. Also ginge sie natürlich als Amazonas. Angela diskutiert nicht mit ihr. Heute möchte sie keine Tränen sehen.

Ich fahre die Damen zur NRW-Landesvertretung. Um 18 Uhr soll ich Angela wieder abholen. Ich komme kurz mit rein. Der Konferenzraum ist dekoriert mit Locherkonfetti. Genau 4318 Stück seien das, murmelt der Dagobert Duck im Rollstuhl. Wolfgang Schäuble ist unter der Maske kaum zu verstehen. Es gibt Diskussionen wegen der Musik. Angela will was Heitereres von Frank Schöbel, Peter Altmaier hat eine CD mit Mallorca-Schlagern, aber Schäuble setzt sich durch. Die Phoenix-Runde wird eingeschaltet. Ich fahre ins Institut. Da ist die Stimmung toll. Meine Studentinnen haben alkoholfreien Sekt selbst gemacht. Wir stoßen mit Reagenzgläsern an, dann extrahieren wir wie jeden Donnerstag die DNA aus einer Moosflechte. Es ist ein schöner Tag.

In der Landesvertretung ist es wohl nicht so gut gelaufen. Aufgrund einer Äußerung von Präsident Trump musste Angela spontan eine Presseerklärung zur Zukunft der NATO geben. In der Hektik hat niemand sie darauf aufmerksam gemacht, dass sie noch die Prinzessin-Lillimerkel-Verkleidung getragen hat. In diesem Internet kursieren einen Tag lang viele Bilder von Angela in verschiedenen Verkleidungen. Meist in einer schwarzen Blechmaske, die wohl eine Figur aus einem beliebten Weltraumfilm trägt. Junge Menschen finden das anscheinend originell. Steffen Seibert ist begeistert. So viel Aufmerksamkeit bei jungen Leuten sei durch die Tagesschau nicht zu erreichen. Die Weiberfastnachts-Party soll nächstes Jahr wiederholt werden.

— — —

Der Wahlwerbespot

Re: »Home Story Film«

Sehr geehrte Damen und Herren von »Bizzney Films«,
ich habe Ihren Drehbuchentwurf für den Werbespot zur Bundestagswahl bekommen, vielen Dank! Dass ich selbst darin auftreten soll, hat mich zunächst nicht sehr gefreut, aber meine Frau hat mich nun mal überredet – also gut!
Aber: Wir müssen ein paar Dinge ändern. Erstens wohnen meine Frau und ich ja nicht im Bundeskanzleramt, daher ist Ihre Idee mit der Stehlampe, dem Ohrensessel und dem Patience-Tisch im Bundeskanzlerbüro unrealistisch. Wir haben eine eigene Wohnung.
Zweitens: Es ist korrekt, dass ich dort ab und zu auch koche. Aber ich trage dabei keine Schürze, auf der steht: »Muttis Liebling«. (Auf meiner Schürze steht: »Hol mir mal

'ne Flasche Bier!«, ein Geschenk von Gerhard Schröder.)
Im Wohnzimmer hängt keine Kuckucksuhr, und ich habe auch keine Filzpantoffeln an, wenn meine Frau nach Hause kommt!
Nächster Punkt: Italien. Die Piazza, die Sie im Studio nachgebaut haben, sieht nett aus, hat aber mit unserem richtigen Urlaubsort nichts zu tun. Weder hängen dort Wäscheleinen quer über den Marktplatz, wo die Frauen des Dorfes die im Fluss (???) gewaschene Wäsche aufhängen, noch heißt der Wirt am Platz Giuseppe. Wir essen dort meist Sushi oder Thai, und der Wirt heißt Michael (ein deutscher Auswanderer mit asiatischer Frau). Es gibt sogar einen Waschsalon.
Im Drehbuch ist weiter von einem Bad im See nahe unseres Hauses in der Uckermark die Rede – FKK! Das streichen Sie bitte komplett, auch wenn es »für einen Sympathiebonus in Ostdeutschland sorgen würde«!
Fazit: Ich muss Sie bitten, das Drehbuch völlig zu überarbeiten. Tut mir leid, dass die Kulissen in Babelsberg schon stehen und Sie all die Fiat 500 s gekauft haben. Vielleicht kann man das Ganze kurz und schmerzlos in unserer Berliner Wohnung aufnehmen?
Mit freundlichen Grüßen, Sauer

– – –

Freitag, 24. 02. 2017
Liebe Nachbarn im Haus!
Für den kommenden Wahlerfolg der CDU bei den Bundestagswahlen ist es leider erforderlich, nächste

Woche hier im Haus ganz kurz einige Szenen für einen Werbespot zu drehen. Dadurch kann es zu kleineren Unannehmlichkeiten kommen. Ich hoffe, Sie haben dafür Verständnis. Gruß, Sauer/Merkel

Samstag, 25.02.2017
UPDATE: Konkret handelt es sich um die drei Tage von Montag 6. März bis Mittwoch 8. März!

Sonntag, 26.02.2017
UPDATE: Aus technischen Gründen beginnen die Dreharbeiten doch schon am Wochenende, also am Samstag den 4. März!
Die Produktionsfirma teilt mir mit, dass Montag (morgen), den 27. März, ab 05:00 Uhr ein kleineres Gerüst ans Haus gebohrt wird – für die Filmscheinwerfer. Zweitens muss im Treppenhaus eine Kameraschiene installiert werden, sodass Sie leider am Montag und Dienstag die Treppe nicht benutzen können. Es wird aber eine mobile Hebebühne vor dem Haus stehen. Sie können die Plattform jeweils vom Fenster aus heranwinken.

Samstag, 04.03.2017
UPDATE: Heute bittet die Filmcrew darum, zwischen 12 und 20 Uhr nicht ans Fenster zu treten, weil die Außenaufnahmen gemacht werden und keine Mieter ins Bild sollen!

Donnerstag, 09.03.2017
Im Namen des Regisseurs und des gesamten Teams bitte ich um Entschuldigung, dass die vergangenen 5 Nächte

Scheinwerfer auf die Fassade (und Ihre Fenster) gerichtet waren. Interessanterweise muss bei Nachtaufnahmen ganz viel Licht eingesetzt werden. Durch das abwechselnde Bellen des Nachbarhundes und das Babygeschrei aus dem Dachgeschoss mussten mehrere Szenen einige Male wiederholt werden. Deshalb die leichte Verzögerung der Dreharbeiten!

Freitag, 10.03.2017
Liebe Mitbewohner im Haus, vielen Dank, dass meine Frau ihren kleinen Film hier machen konnte! Ihre diversen Klagen über den Lärm des Stromaggregats, die Fassadenrisse wegen des Gerüsts, den Schlafentzug durch das Licht, den Haschischgeruch im Treppenhaus, den teilweise etwas rüden Ton der Aufnahmeleiterin, den Vorfall mit der versuchten heimlichen Filmaufnahme vom Gerüst aus durchs Badezimmerfenster bei Frl. Schreckle, die Urinpfütze an der Kellertreppe, die kurzzeitige Verhaftung der Mieter im vierten Stock und den Diebstahl der Bild am Sonntag aus dem Hausbriefkasten habe ich an die Produktionsfirma weitergeleitet. Sollte noch ein Nachdreh notwendig werden, geben wir rechtzeitig Bescheid!
Mit freundlichen Grüßen, Ihre Nachbarn A. Merkel, J. Sauer
PS: Das Gerüst und die Sichtschutzplane werden in spätestens zwei Wochen abgebaut!

– – –

26.02.2017

Grippewelle

Angela hat schlechte Laune. Sie ist stark erkältet. Den Virus, meint sie, habe sie von Horst Seehofer bekommen. Der hätte in ihrem Büro derartig über ihren Tisch geniest, dass ihre Büroleiterin eine Stunde lang die Mautpläne trockenföhnen musste.

Vor der Arbeit inhaliert sie mit einem Handtuch über dem Kopf ein Kräuterbad. Frauke Petry hat ihr zwar ein angeblich wirksames Medikament gegeben, aber das nimmt Angela lieber nicht. Sie wisse nicht, wie die Petry den Begriff »wirksam« interpretiere.

Am späten Vormittag klingelt mein Telefon. Ich wundere mich, warum Erdogan mich anruft, aber nach einer halben Stunde Gespräch stellt sich heraus, es ist die sehr heißere Angela. Sie beklagt, dass ich sie nicht darauf aufmerksam gemacht habe, dass sie beim Verlassen der Wohnung das Handtuch noch auf dem Kopf hatte. Man habe sie im Kanzleramt mehrfach mit Salam Aleikum begrüßt.

Die kranke Angela kommt heute früher nach Hause. Steffen Seibert hat den Termin bei ihr abgesagt. Er sagte, er sei nicht lebensmüde. Er habe daheim vier Umzugskartons voller Zeitungsartikel, in denen es darum geht, dass Menschen an Erkältungen gestorben sind.

Mit Sigmar Gabriel konnte sie sich auch nicht treffen, der sei selbst erkältet. Er sagt, er habe im Wahlkampf Straßenbauarbeiter besucht und völlig vergessen, wie kalt dieses »Draußen« sei.

Gabriel wiederum hat wohl Schäuble angesteckt. Der

habe schlimme Hustenattacken, die ihn rückwärts durch den Flur seines Ministeriums katapultieren würden. Ein Praktikant sei schon überrollt worden.

Thomas de Maizière mache sich wohl ernsthaft Sorgen wegen der Erkältungswelle. Er vermute dahinter einen Anschlag muslimischer Pharmalobbyisten.

Angela legt sich jetzt aufs Sofa, und ich lege das Kirschkernkissen, das Ströbele Angela geschenkt hat, in den Ofen. Wenn man es aufwärmt, müffelt es immer ein bisschen nach Mundgeruch. Der Ströbele hat wohl die Kirschkerne selbst saubergelutscht. Aber Erkältungen sind halt wie Gespräche mit Claudia Roth. Nach ein paar Tagen hat man sie überstanden.

— — —

27.02.2017

Rosenmontag

Norbert Lammert hat alle Abgeordneten aufgefordert, sich die Rosenmontagszüge anzuschauen. An den Motivwagen könne man zuverlässig sehen, was das Volk denke, meint er. Im Bundestag können wir die Übertragung nicht schauen. Zwar gibt es eine große Leinwand und einen teuren Beamer, aber die Architekten haben in dem Gebäude die Steckdosen vergessen. Claudia Roth bietet an, wir könnten alle bei ihr gucken, allerdings hätte sie keinen Fernseher. Claudia Roth sagt oft Dinge, nur um etwas zu sagen. So treffen wir uns bei Justizminister Heiko Maas.

Der hat den größten Fernseher. Auf den ist er sehr stolz. Er erzählt mir irgendwas von Zoll, aber ich kenne mich mit Zollbestimmungen nicht aus. Außerdem könne man die Programme umschalten, indem man in die Hände klatscht. Dann zeigt Maas uns noch die verschiedenen Hintergrundbeleuchtungen des Gerätes. Alle applaudieren. Daraufhin schaltet sich der Fernseher durch alle 200 Programme. Nach einer halben Stunde hat Maas den Sender wiedergefunden, auf dem die Übertragung der Rosenmontagszüge läuft.

Auf einem der Wagen sieht man eine riesige Pappmachéfigur von Sigmar Gabriel mit einem Halsband. Angela hält ihn an der Leine. Darunter der Schriftzug: »Ohne Frauchen läuft nix.« Gabriel ist beleidigt von der Darstellung. Er wisse selbst, dass er bei seinem Körpergewicht eigentlich vier Meter groß sein müsse. Auf dem nächsten Wagen steht eine Trump-Figur, die einer Figur mit Schnurrbart und Sombrero in den Hintern tritt. Ursula von der Leyen meint, die Figur mit dem Schnurrbart solle wahrscheinlich Günter Wallraff sein. Das Motiv sei eine Kritik am Privatfernsehen. Alle beschließen, man müsse das öffentlich-rechtliche Fernsehen mehr fördern und den Rundfunkbeitrag erhöhen.

Auf einem anderen Wagen ist wieder Angela dargestellt. Sie sitzt auf einer einsamen Insel. Darauf der Schriftzug: »Flüchtlingspolitik«. Steinmeier ist empört. Kinder könnten denken, es gäbe eine Insel dieses Namens. Alle beschließen, man müsse in den Schulen das Unterrichtsfach »Inseln« einführen.

Auf einem der letzten Wagen steht ein nackter Horst Seehofer mit einem riesigen Maßkrug in der Hand. Wir fragen uns, was das Motiv darstellen soll, da ziehen die verärgerten Ordner ihn auch schon vom Wagen. Es gibt eine Prügelei. Alle beschließen, den Horst mehr am Regieren zu beteiligen, damit er nicht so viel Freizeit hat.

Am Ende sind alle mit den Ergebnissen zufrieden. Angela sagt, für bürgernahe Politik müsse man tatsächlich einfach nur dem Volk aufs Maul schauen.

— — —

Berauscht von C zwo H sechs O
(ich trank grad etwas Alkoho),
erklär ich dir (ich bin nich nüchtern),
dass ich, obwohl oft etwas schüchtern,
mit Innbrunnst stets der Deine binn
(Wacholdergeist ist in mir drinn)!
** Hips! * (kleiner Schwips)*
Dein Fips, äh, Dings … Joachim!

— — —

01.03.2017

Politischer Aschermittwoch

Die Parteien feiern ihren politischen Aschermittwoch, und Angela ist offiziell zu allen Veranstaltungen eingeladen. Außer bei der CSU. Deswegen fährt sie extra hin. Im

Festzelt herrscht dichtes Gedränge. Horst Seehofer betritt das Rednerpult und beginnt seine Rede in einer Sprache, die wir nicht verstehen. Aber jedes Mal, wenn das Wort »Bayern« fällt, spielt eine Blaskapelle »Gott mit dir, du Land der Bayern«. Bereits während seines ersten Satzes erklingt das Lied fünfmal. Dafür gibt es tosenden Applaus. Hinter dem Rednerpult steht eine lebensgroße Wachsfigur von Franz Josef Strauß. Ich habe den Eindruck, die blinzelt manchmal. Horst Seehofer redet über Franz Josef Strauß. Es gibt wieder tosenden Applaus. Dann redet er über Bayern und Franz Josef Strauß. Wieder tosender Applaus. Zum Schluss redet er über Bayern. Alle sagen, sie werden auf jeden Fall wieder Strauß wählen. Wir müssen los, denn Andrea Nahles hat uns ja zum Aschermittwoch der SPD in Bochum eingeladen.

Die SPD hatte bereits im Herbst letzten Jahres eine alte Stahlgießerei als Veranstaltungsort gebucht. Wie sich jetzt überraschenderweise herausstellt, ist die Gießerei noch in Betrieb. Sigmar Gabriel muss als Eröffnungsredner sehr schreien, weil neben ihm eine riesige Ramme aus dem 3000 Grad heißen Metall Stahlplatten stanzt. Es ist unerträglich heiß, und Gabriel schwitzt sich durch seinen Vortrag. Jetzt sollte eigentlich Franz Müntefering als ältester Gast Kabarett machen, aber der schleppt lieber Stahlträger. Er ist halt Sozialdemokrat alter Schule. Alle beschließen, dass es besser ist, erst einmal Pause zu machen und auf dem Parkplatz Luft zu schnappen. Alle husten sehr.

Angela und ich nutzen die Gelegenheit zu gehen. Der politische Aschermittwoch der FDP fällt aus. Christian Lindner sei krank und habe es nicht geschafft, sein Wohnzimmer aufzuräumen, ließ er an sich selbst mitteilen.

Gegen 21 Uhr kommen wir zum politischen Aschermittwoch der CDU ins Hotel Hilton. Angela soll dort auch auftreten. Aber alle stehen beunruhigt im Foyer. Wolfgang Schäuble hatte die Veranstaltung im Festsaal wohl zunächst mit Witzen zum Thema Verzinsung eröffnet und dabei kein Ende gefunden. Nach einer Stunde sei Thomas de Maizière ans Pult getreten und habe den Saal räumen lassen, da er meinte, im Publikum einen potentiellen Gefährder entdeckt zu haben. Angela erklärt den besorgten Kollegen, der Herr Özil sei nur ein harmloser türkischstämmiger Fußballer und sie habe ihn während einer gemeinsamen Dusche in Brasilien zu diesem Termin eingeladen. Alles sei also ganz normal, man könne wieder reingehen, denn jetzt käme ihr Auftritt. Alle beschließen, lieber ins Borchardt zu gehen.

Zu Hause angekommen, trinken wir, Herr Özil und der Schäuble noch eine Tasse Kaffee. Angela gibt ihre für den Abend geplante Peter-Altmaier-Parodie zum Besten. Wir müssen alle sehr lachen. Danach macht Schäuble dem Herrn Özil noch die Steuererklärung. So hatten wir doch alle unseren Spaß.

– – –

02.03.2017

Antrittsbesuch bei Trump

Wir sind zum Antrittsbesuch bei Präsident Trump in Amerika. Früher hießen Präsidenten Erich oder Willi, heute heißen sie Donald. Als wir in Washington landen, ist niemand da. Nur zwei Abfangjäger, weil der Pilot vergessen hat, uns anzukündigen. Nach einem langen Gespräch erfährt Angela, dass Präsident Trump gar nicht in Washington wohnt, weil ihm das Weiße Haus zu klein ist. Deshalb lässt er daraus gerade einen großen Turm mit 74 Stockwerken bauen und wohnt so lange noch in New York. Diese Amerikaner wissen einfach, wie man Eindruck schindet. Das Bundeskanzleramt ist noch keine 20 Jahre alt, und trotzdem muss Angela bei Starkregen schon immer Töpfe in ihrem Büro verteilen, damit der Teppich nichts abbekommt.

Wir fliegen weiter nach New York. Die Stadt hat sich verändert, seit wir das letzte Mal da waren. Der Kennedy Airport heißt jetzt Trump Megaport, gerade werden sieben neue Landebahnen gebaut. Wir fahren zum Trump Tower, wo der Mann wohnt. Ich schlage Angela vor, dass sie das Bundeskanzleramt in »Merkel-Residenz« umbenennt. Aber sie ist immer noch genervt von mir, weil sich wegen uns die Sicherheitskontrolle vor dem Abflug länger hinzog. Dabei hatte ich nur meinen Lieblingsbunsenbrenner im Handgepäck vergessen.

Im Trump Tower finden die ersten politischen Gespräche statt. Da bin ich natürlich nicht dabei. Trump auch nicht, das überlässt er seinen Beratern. Er selbst hat einen Termin beim Friseur und nimmt mich kurzerhand mit. Dort verpasst man mir längere Haare, die blond gefärbt sind. Danach zeigt mir Donald die Stadt – wir gehen in einen »Täbel-Dens«-Club. Trump nennt mich immer ganz niedlich »Jo-Äikiem«, dann vertraut er mir an, dass er Mexikaner eigentlich super findet – egal ob zur Meinungsmache im Wahlkampf oder als billige Arbeitskräfte. Er scheint die Wahrheit zu sagen, denn kurz darauf gibt er einer mexikanischen Kellnerin einen freundschaftlichen Klaps auf den Po.

Plötzlich kommt ein anderer Mann zu uns. Er hat das verbrauchte Gesicht eines Politikers, wirkt auf mich aber eher einfach gestrickt. Donald sagt, das wäre sein »German best friend«, und stellt ihn als einen gewissen Mario vor. Der wäre in »good old Tschörmenie« so eine Art Reichs-Spaß-Minister und würde im Berliner Sportpalast häufiger mal Ansprachen halten oder so. Ich kenne den Mann nicht. Er scheint sehr unglücklich verheiratet zu sein, macht dafür aber sehr viele Witze über seine Frau, die ich nach meinem vierten Bier immer noch nicht lustig finde.

Stunden später kuschle ich mich zu Angela ins Hotelbett. Als sie mich fragt, mit wem ich unterwegs gewesen sei, antworte ich betrunken: »Mit Donald. Und mit Mario.« Ich frage sie: »Kennste, kennste?« Angelas Antwort überrascht mich nicht: »Nein.«

– – –

Lieber Bolek,
bitte montiere doch unsere Sommerreifen wieder, die bei dir eingelagert sind. Nachdem ich zufällig gesehen habe, dass letztes Jahr auf allen vier Reifen innen mit Kreide

»VL« stand (das heißt doch »vorne links«?), muss ich davon ausgehen, dass in deinem Reifenlager arge Schlamperei herrscht. Es waren auch lauter verschiedene Marken. Dieses Jahr lege ich Wert darauf, dass wir wirklich unsere Reifen bekommen!
»Links vorne« ist auch für das Nervenkostüm meiner Frau nicht gut. Dieses Jahr sind Wahlen. Grüße, J. Sauer

– – –

05.03.2017

Die neuen Nachbarn

In die Wohnung gegenüber sind neue Nachbarn eingezogen: eine syrische Familie. Als Angela das hört, ist sie stolz: Obwohl Berlin so viele freie Wohnungen hat, reißen sich die Leute darum, neben ihr zu wohnen. Dann meint sie, in Syrien sei sie so etwas wie die Mischung aus Mutter Teresa und Lady Gaga.

Am Nachmittag treffe ich die Familie Al Shaar im Treppenhaus. Ich bin überrascht, wie gut alle Deutsch sprechen, bis mir der Vater erklärt, dass er in Deutschland geboren wurde. Vor 54 Jahren.

Am Abend habe ich die Familie zum Essen eingeladen. Wir sitzen am Tisch, als Angela nach Hause kommt. Sie hält unsere Gäste zuerst für Leute von den Grünen und will den Sicherheitsdienst rufen, doch ich kläre das Missverständnis auf. Angela wird plötzlich sehr höflich und streichelt dem syrischen Mädchen über die Wange, obwohl es noch nicht mal geweint hat.

Zwei Stunden später sitzen wir immer noch zusammen. Familie Al Shaar hat Anisschnaps mitgebracht, und Angela und ich sind ziemlich angeheitert. Wir machen einen Telefonstreich mit Frauke Petry: Die betrunkene Frau Al Shaar ruft immer wieder »Wir schaffen das!« auf Arabisch in den Hörer.

Als Familie Al Shaar gegangen ist, schreibt Angela eine E-Mail an Horst Seehofer und teilt ihm noch mal mit, dass eine Obergrenze für Flüchtlinge mit ihr nicht zu machen sei. Schließlich habe sie heute Abend ja nicht mal eine Obergrenze für ihren Blutalkoholwert. Danach hängt sie noch eine »Refugees Welcome«-Flagge aus dem Fenster, geht ins Bad und übergibt sich.

— — —

Rezension CD-Box: *Der Ring des Nibelungen – Wagneraufführungen im Vergleich*

★★★★★ Kolossal!

Ich habe die 84 CDs an einem Abend durchgehört! Der Vergleich der letzten sieben Ring-Aufführungen in Gesamtlänge ist ein Muss für jeden Hügel-Fan.

— — —

08.03.2017

Der Fernsehabend

Angela muss abends nicht arbeiten. Die ganzen Katastrophen würden auch ohne sie stattfinden, meint sie müde. Ich habe Weißwein und Erdnüsse besorgt. Es klingelt an der Tür. Es ist Wolfgang Schäuble. Er ist sauer. Sein Fernseher sei nach genau 31 923 Betriebsstunden kaputtgegangen. Er zeigt uns sein Büchlein mit der Strichliste. Wir laden ihn ein, mitzuschauen. Schäuble sagt »179«. Er meint die Erdnüsse im Schälchen. Und er möchte ein Glas Weißwein haben. In der ARD läuft eine Talkshow. Alle fünf Gäste sind Wolfgang Bosbach. Wir haben keine Lust, das zu schauen.

Wir zappen versehentlich zu einem Privatsender. Dort sprechen junge, sonnenbankgebräunte Menschen mit Baseballmützen darüber, dass sie sich hassen. Angela fragt sich, ob solche Menschen überhaupt den Bundeshaushalt verstehen würden. Schäuble erklärt Angela den Bundeshaushalt. Danach fragt Angela sich, ob überhaupt jemand den Bundeshaushalt verstehen würde. Schäuble fragt, ob noch eine Flasche Weißwein da sei. Ich hole eine. Auf dem Privatsender läuft jetzt Werbung für ein Reisebüro mit dem Kürzel »de« hinten dran. Angela schlägt vor, da könne man ja mal hingehen. Schäuble fragt, ob noch eine Flasche Weißwein da sei. Angela holt eine. Wir schalten um auf das ZDF. Da gibt es eine Sendung über eine Herde Flusspferde in Kenia. Schäuble fragt, was das sei. Wir erklären es ihm. Es wird klar, Schäuble hat noch nie ein Tier gesehen. Er fragt, ob es nicht eine Sendung nur mit Zahlen gebe. Wir schalten auf n-tv und rollen ihn ganz nah an den Bildschirm. Schäuble freut sich, dass in genau seiner Augenhöhe die Zahlenkolonnen der Aktienkurse vorbeirauschen. Jetzt holt er sich noch eine Flasche Weißwein, lispelt »one for the road« und verabschiedet sich. Er müsse schließlich in sieben Stunden, 23 Minuten und 58 Sekunden wieder aufstehen.

Schäuble verlässt uns. Die Erdnüsse sind alle und vier Weißweinflaschen geleert. Davon hätten wir auch gern wenigstens ein Glas gehabt. Aber trotzdem war der Abend ganz gemütlich.

Am nächsten Tag erzählt uns Peter Altmaier irritiert, der Schäuble habe behauptet, herausgefunden zu haben, dass Altmaiers Familie an einer Flussbiegung in Kenia lebe. Wir tun so, als hätten wir keine Ahnung, was er meint.

— — —

Einkaufsliste – bitte mitbringen:

- *Kartoffeln, festkochend, 2,5 kg*
- *Schnitzmesser*
- *Plakafarbe blau*

Wär doch gelacht, wenn du die Treuepunktstempel für die Bundestagskantine nicht hinbekommen würdest! Mit deiner Hilfe krieg ich diese Gratis-Nachtische schon! Liebe Grüße, Danke! Angela

12.03.2017

Auto fahren

Angelas Fahrer ist krank. Peter Altmaier hat sich zwar angeboten, sie abzuholen, aber der muss in seinem Smart ja schon hinten sitzen, damit sein Bauch nicht ständig auf die Hupe drückt.

Hans Christian Ströbele war auch bereit, sie mitzunehmen, aber hinten auf dem Gepäckträger zu sitzen ist auf Kopfsteinpflaster kein Spaß. Also muss Angela selbst fahren. Das hat sie schon viele Jahre nicht mehr gemacht. Sie bietet mir an, mich am Morgen nach einem Zwischenstopp beim Supermarkt zum Institut zu bringen. Danach wolle sie dann ins Kanzleramt. Wir sitzen eine Weile im Auto, als Angela mich zurechtweist, dass sie als Physikerin sehr wohl wisse, wozu der Schlüssel gedreht werden müsse, wie sich eine nicht gelöste Handbremse auf die Rolleigenschaften der Räder auswirke und wozu man die Kupplung treten müsse. Nach einer halben Stunde kann ich sie dann überzeugen, meinem Vorschlag eine Chance zu geben, dies alles in der von mir vorgeschlagenen Chronologie zu tun und das Drehen des Zündschlüssels nicht dauernd zu wiederholen.

Als wir endlich aus dem Parkhaus gehoppelt und auf der Straße sind, wage ich nicht, Angela zu fragen, warum sie die Scheibenwischer angeschaltet hat. Sie meint nur, wenn man hinten säße, käme einem so eine Fahrt gar nicht so schnell vor. Ein Kind auf einem Roller überholt uns. Wir werden ständig angehupt. Ich habe auf dem Navi den Weg zur Uni eingegeben, aber Angela hält sich nicht an die Anweisungen der Frauenstimme. Angela meint, sie suche sich ihre

Berater selbst aus. Die Polizei hält uns an. Warum wir denn verbotswidrig in eine Einbahnstraße eingebogen seien, wollen die Beamten wissen. Nach einer längeren Diskussion erklären die Beamten sich bereit, uns zu eskortieren. Dafür rufen sie noch zwei weitere Wagen. Im Supermarkt gibt es keine Frühlingszwiebeln, deswegen müssen wir mit der Eskorte über einen Wochenmarkt fahren. Dabei touschiert Angela einen Obststand. Sie hilft selbst mit, die über den Platz rollenden Melonen wieder einzusammeln.

Gegen 17 Uhr kommen wir am Institut an. Die Kollegen machen gerade Feierabend. Angela bedankt sich bei den Polizisten für die Begleitung, auch für die Absperrung der Straßen und die Helikopterüberwachung. Angela meint, sie verstehe nicht, warum die Leute vom Autofahren so gestresst seien. Man müsse sich einfach nur dabei entspannen.

– – –

17.03.2017

Nachhaltige Ostereiersuche

Gestern war für Angela der härteste Tag des Jahres: die traditionelle Ostereiersuche in unserer Wohnung. Letztes Jahr wurde ihr Sieg stark kritisiert, weil sie die Eier selbst versteckt hatte. Nach einigem Zögern hat sie die Kritik angenommen. Ihre Personenschützer haben die Wohnung diesmal daraufhin drei Tage abgesperrt, und der BND hat die Eier versteckt. Sie hätten sowieso noch Sachen in der Wohnung installieren wollen, meinten die.

Meine Enkel waren eingeladen und einige von Angelas Kollegen. Peter Altmaier darf bei der Ostereiersuche nicht mehr mitmachen. Er ist einfach zu gierig. Er hat letztes Mal einfach jedes Möbelstück genommen und geschüttelt. Das fand Angela bei ihrer Glasvitrine besonders ärgerlich.

Angela empfing unsere Gäste passend zum Anlass in einem eierschalenfarbenen Blazer. Steinmeier sprach zunächst ein paar einleitende Worte über Osterbräuche in der Ost-Ukraine. Dann stellte Sigmar Gabriel sein Konzept vor für eine faire Verteilung der gefundenen Eier. Aber Horst Seehofer meinte dazu nur: »Was mir ist, ist mir.« Der Eierlikör hat ihm geschmeckt. Wolfgang Schäuble ermahnte uns, wir dürften nur so viele Eier finden, wie auch versteckt sind, und Claudia Roth schlug vor, eine Arbeitsgruppe zum Thema »nachhaltige Suche« zu erarbeiten. Meinen Enkeln war mittlerweile langweilig, sie wollten endlich Eier suchen gehen. Horst Seehofer wollte noch mehr Eierlikör. Nach mittlerweile drei Stunden waren alle einverstanden mit einer kurzen Sitzungspause auf der Terrasse. Dort gab Gregor Gysi zu bedenken, dass Eier, die im Garten in den Bäumen versteckt sind, nur von großen Menschen gefunden werden können. Er forderte einen Ausgleich für Eiersucher mit geringem Körperaufkommen. Und einen Aschenbecher. Meine Enkel kamen enttäuscht zu uns. Sie hatten mittlerweile alle Eier gefunden. Der BND hatte sie einfach alle unter ein Sofakissen gelegt, und auf dem saß die ganze Zeit der Seehofer. Die Kinder möchten die geschmolzene Schokolade nicht essen. Angela meinte zu ihnen, von diesem Tag würden sie sicher eins mitnehmen: Politik sei kein Zuckerschlecken.

20.03.2017

Im Borchardt

Ich möchte mit Angela einen gemütlichen Abend verbringen, aber sie will wieder in ihr Stammlokal, das Borchardt.

Wir haben uns gerade an einen Tisch gesetzt, da schleicht Udo Waltz von hinten an sie heran und sprüht Festiger auf ihre Haare. Er hält ihr einen Löffel vor das Gesicht, in dem sie sich wohl spiegeln soll. Angela genießt die Zuwendung. Der Kellner bringt einen Brotkorb und Kräuterbutter.

Michel Friedman kommt und fragt provokativ, ob wir wirklich mit ihm darüber diskutieren wollen, dass er sich nur kurz unsere Kräuterbutter ausleiht. Von einem Zweiertisch neben uns winkt Peter Altmaier herüber. Er hat in letzter Zeit so zugenommen, dass man den Eindruck hat, er sitze sich selbst gegenüber. Als ich mich zu unserem Tisch zurückdrehe, sind Angela und Udo Walz verschwunden. Stattdessen setzt sich Außenminister Steinmeier zu mir. Er sagt, er könne den nigerianischen Eintopf sehr empfehlen. Als ich die Karte nehme und ihn frage, wo der Eintopf denn stehe, sagt Steinmeier: In Nigeria. Das muss wohl so eine Art Diplomatenhumor sein. Er klopft mir lachend auf die Schulter und winkt Andrea Nahles heran, aber die kennt den Witz schon. Ich fliehe auf die Herrentoilette. Vor dem Spiegel kämmt sich Michel Friedman die Haare mit Kräuterbutter, und Udo Walz föhnt Angelas Haare unter dem Handtrockner. Ich frage Angela, ob wir wirklich hier essen wollen. Angela antwortet, der Steinmeier habe ihr den nigerianischen Eintopf empfohlen. Manchmal wünsche ich mir, meine Angela wäre Physikerin geblieben.

22.03.2017

Haushaltsdebatte

Heute ist Großreinemachen. Angela verhält sich da genauso wie im Job. Ich arbeite die Aufgaben direkt nacheinander ab, aber sie hängt erst mal die Auslegeware über die Klopfstange, um den Nachbarn symbolisch zu demonstrieren, dass der Flokati Chefsache ist, und lädt mich dann zu einem Arbeitsfrühstück in die Küche ein. Nach zähen Verhandlungen gibt sie mir den Posten, die Handtücher zum Trocknen aufzuhängen. Beim Versuch, die Wäschespinne aufzuklappen, quetsche ich mir die Finger und muss aufgeben. Sie gibt Konkurrenten gern große Aufgaben, damit die daran scheitern. Wie beim Wulff damals.

Vor drei Jahren habe ich mal ihre rote »Neujahrsansprachen-Bluse« zusammen mit der Weißwäsche gewaschen. Danach hat mir Angela ihr vollstes Vertrauen ausgesprochen. Ich durfte nie wieder waschen.

Eine *ihrer* Aufgaben ist es, den Broiler-Bräter zu spülen. Sie stellt ihn einfach in den Garten und wartet auf Regen. Bei der Lösung der Flüchtlingsfrage hat sie auch lange aufs Wetter gesetzt.

Ich habe Ursula von der Leyen mal gefragt, wie sie mit ihrer Familie das Putzen koordiniert. Sie erklärte mir, dass sie die Zeit, in der sie die Kinder zur Schule fährt, nutzt, um gleichzeitig zu Hause Staub zu saugen und zum Friseur zu gehen. Das würde auch dann funktionieren, wenn sie gerade in Afghanistan sei. Von der Leyen. Man weiß nicht, was man ihr glauben soll. Wie bei ihrer Doktorarbeit.

Mal Ordnung gemacht im Keller, unter anderem Kühltruhe inspiziert und Inhalt inventarisiert:
Inventarliste Gefrierschrank
2 kg Rindfleisch (für Rouladen)
2 kg Maultaschen (für BMdFin Schäuble)
2 kg Gammelfleisch aus Beschlagnahme (für H. Seehofer)
200 g C3-H5-N3-O9 (nicht schütteln!!!)
1 Notfallset »Erderwärmung«, Inhalt 900 Eiswürfel
2000 Milliarden Euro griech. Altschulden in kl. Scheinen
Urne mit Asche, Aufschrift »Erich H. 1994«
15 Fischstäbchen, haltbar 09/2011
15 Gläser Bautzener Senf, haltbar 09/1987
15 holl. Tomaten, haltbar 09/2034
15 kg Mammutfleisch, haltbar 09/8500 v. Chr. (woher?)
1 Handy Nokia 6210, haltbar 09/2178
20 Farbdiafilme ORWO à 36 Bilder
1 männl. Leiche, Aufschrift »Ötzis Bruder«

– – –

25.03.2017

Sommerzeit (vor oder zurück?)

Angela ist heute Abend sehr angespannt. Sie hat morgen früh um 8 Uhr einen Telefontermin mit dem türkischen Präsidenten, und heute sollen die Uhren umgestellt werden. Im Badezimmer fragt sie mich, ob und wann man vor- oder zurückstellen müsse. Ich weiß es nicht. Angela ruft Thomas de Maizière an. Der verspricht, seine Spezialisten beim

BND zu fragen. Angela dauert das zu lange. Sie erhofft sich eine klare Stellungnahme von Bundespräsident Steinmeier. Der weiß es auch nicht, gibt zu bedenken, dass für einen pünktlichen Anruf in die Türkei auch eine Differenz zur Zeitzone am Bosporus eine Rolle spielen könne. Angela ist verwirrt und ruft Steffen Seibert an. Der glaubt zu wissen, dass in der Türkei immer Sommerzeit ist. Angela ruft Steinmeier zurück. Steinmeier schreit ins Telefon, er sei gerade in den USA, er habe wegen der Zeitverschiebung einen Jetlag und er sei nicht Stephen Hawking, um alles in diesem Universum auszurechnen. Er knallt den Hörer auf.

Ich soll den Computer anmachen, den Angela vor zwei Jahren gekauft hat, aber ich finde den Karton nicht.

Angela versucht es bei ihrem Freund von den Grünen, dem Toni Hofreiter. Der sitzt wohl gerade mit Cem Özdemir zusammen. Als Angela ihn nach der Zeitumstellung fragt, prusten beide los vor Lachen. Toni kichert und meint, sie würde das so lustig sagen. Özdemir hustet im Hintergrund und sagt, er würde jetzt bauen. Angela hat keine Ahnung, was er meint, und legt auf.

In ihrer Verzweiflung ruft Angela bei Sigmar Gabriel an. Der sagt, ohne SPD-Mitgliederbefragung könne er gar nichts entscheiden. Für die Sozialdemokratie sei sowieso seit Jahren fünf vor zwölf. Angela hört seine Sorgen zwei Minuten lang an und legt dann auf. Das merkt Gabriel meist gar nicht.

Zum Glück ruft de Maizière tatsächlich zurück. Der BND habe aus sicherer Quelle zumindest die Information, dass man die Uhr auf keinen Fall vorstellen müsse. Angela bedankt sich. Sie weiß jetzt Bescheid. Sie stellt die Uhr eine Stunde vor.

30.03.2017

Wandertag

Die Bundestagskollegen haben mitbekommen, dass Angela und ich gern wandern. Sie möchten auch mal mitkommen. Angela hält das für eine gute Idee. An der frischen Luft ließe sich über viele Dinge besser nachdenken, sagt sie.

Am frühen Morgen startet unsere Wandergruppe am Reichstag. Als Erster gibt Peter Altmaier auf. Er sagt, wir sollten ohne ihn weitergehen und ihn zurücklassen. Ursula von der Leyen nimmt seinen Rucksack. Altmaier bleibt auf den Stufen des Reichstags sitzen.

Sahra Wagenknecht meckert, sie hätte sich weniger hohe Schuhe angezogen, wenn sie gewusst hätte, dass wirklich die Praxis des Wanderns gemeint gewesen wäre. Sie sei ja ein großer Anhänger davon, dass man in der Theorie bleibe. Von der Leyen nimmt ihren Rucksack.

Es beginnt zu nieseln. Heiko Maas will nicht mehr weiterlaufen. Seine teuren Self-Tracking-Geräte seien zu empfindlich für Wetter, lamentiert er. Von der Leyen nimmt auch seinen Rucksack.

Am Spree-Ufer wird ein Film gedreht. Ein junger Mann kommt auf uns zu. Er gibt uns ungefragt Autogramme und betont, seine Fans seien ihm sehr wichtig. Er wirkt geistig sehr schlicht und recht eitel, ist aber freundlich. Ich betrachte ratlos die Autogrammkarte. Ich muss meine Studenten mal fragen, ob sie diesen Matthias Schweighöfer kennen.

Wir machen unsere erste Pause bei einer Bank. Steffen Seibert jammert, er habe eine schmerzende Blase. Ich biete ihm ein Pflaster an, aber er meint gereizt, das helfe ihm wenig. Seine Blase würde extrem drücken, weil er in der Natur nicht Wasser lassen könne. Er beschließt umzukehren. Von der Leyen nimmt seinen Rucksack.

Gregor Gysi empfiehlt ihm für den Weg fußschonende Purzelbäume. Das würde er auch die ganze Zeit so machen.

Die Unionskollegen fragen Angela, wie weit es noch sei und wo es überhaupt hingehe. Angela erklärt, dass der Weg noch lang und nicht einfach sei und eine Obergrenze bei der Kilometeranzahl nicht sinnvoll. Seehofer entgegnet, man könne den Leuten eine weitere Belastung nicht zumuten. Von der Leyen nimmt jetzt alle Rucksäcke, will aber trotzdem weiterlaufen. Alle machen sich auf den Rückweg.

Am Kanzleramt angekommen, wird das Deutsche Rote Kreuz gerufen. Peter Altmaier hat vom Warten auf der Treppe nämlich eine wunde Stelle am Gesäß, und Ursula von der Leyen muss in einer aufwendigen Rettungsaktion unter einem Berg von Rucksäcken geborgen werden. Ihr geht es den Umständen entsprechend gut. Man ist sich einig, für eine große Koalition sei die Wegstrecke von über 900 Metern schon eine reife Leistung.

— — —

Skizzen zu einem Buch

Analyse: *Trumps Tochter hat ein Werde-erfolgreich-Buch geschrieben. Die Leserinnen sollen sich ein Beispiel an ihr nehmen. Problem: Sie ist als Milliardärstochter und*

-enkelin geboren, ihre Leserinnen nicht. Ihr schwerster Moment war, als sie einmal zweite Klasse fliegen musste. Sie bekommt schon Beklemmungen, wenn sie in einem Haus schlafen soll, auf dem nicht in goldenen Buchstaben »Trump« steht, sondern z.B. »Hilton«.

Mein Konzept dagegen: Zunächst ein aussagekräftiger Titel: »Der arbeitende Mann: Hilfe zur Selbstertüchtigung – erfolgreich leben mit Ratschlägen von einem, der es nicht immer leicht hat(te)«. Kurz, knackig, einprägsam. Wortspiel »hat(te)« zeigt ein humorvolles Augenzwinkern, zweifellos ein Hingucker im Buchladen. Inhaltlich werden konkrete Tipps gegeben, wie man das Beste aus den gegebenen Umständen macht, down to earth, für normale Leute:
– Als erfolgreicher Mann mit einer berufstätigen Frau – wie geht das? (Wer zahlt im Restaurant? Darf ich ihre Geheimnummer wissen? Hier vielleicht auch Tipps zum Aufwärmen von Abendessen, Hinweise zu getrennten Konten, Umgang mit Vorzimmerdamen …)
– Beziehungskiller Parteiarbeit – vom Umgang mit Partners Ehrenamt (in diesem Kapitel möglicherweise Preisgabe meiner eigenen ruhenden SPD-Mitgliedschaft? Mit Seibert besprechen!)
– Reisen wie ein Gentleman: Ohne Knitterfalten aus der zweiten Klasse steigen
– In zwei Anzügen um die Welt: Staatsbesuche ohne Kleiderbudget (mit Anleitung für einfache Krawattenknoten)

01.04.2017

Der Artikel

Angela kommt wutentbrannt nach Hause. Sie wirft ein Klatschblatt auf den Tisch. Wir sind mit einer billigen Fotomontage auf der Titelseite. Darunter die Behauptung, unsere Ehe sei am Ende, weil sie noch mal vier Jahre lang Kanzlerin sein wolle. Als eindeutiger Beweis dient ein Foto von der Straße, in der wir wohnen, und ein Paparazzi-Bild aus unserem Ischia-Urlaub, als wir frühmorgens schlechtgelaunt zum Schwimmbad stapfen, weil die Dusche in unserem Zimmer kaputt war.

Mir wird klar, welche Art von Lektüre AfD-Mitglieder lesen, um auf das Wort »Lügenpresse« zu kommen.

Angela weint. Sie fragt, ob ich mit irgendjemandem aus der Redaktion gesprochen habe. Ich antworte ihr, dass ich über uns noch nicht einmal mit mir selbst spräche. Dann fragt sie, ob ich es wirklich lästig fände, noch einmal vier Jahre ständig auf sie zu warten, anstatt unsere Rente zu genießen. Ich gebe zu bedenken, dass für Leute wie uns die Rente eine besonders große Herausforderung sei. Ich erwähne unsere sonntägliche Diskussion, ob beim Eierkochen eher die physikalischen Eigenschaften des Wassers zu beachten seien, so wie sie immer meint, oder ob nicht doch die chemische Reaktion des Eidotters entscheidend sei. Zu dieser These tendiere ich nämlich eher. Dieses Gespräch würde uns dann täglich erwarten. Jetzt bekommt auch Angela Angst vor der Rente.

Als wir den Artikel in dem Klatschblatt noch einmal lesen, merken wir, dass er ähnlich wenig konkrete Fakten enthält wie Dobrindts Mautpläne. Ich rufe in der Redaktion der Zeitschrift in Hamburg an. Die zuständige Dame behauptet, es sei gar nicht eindeutig, dass in dem Artikel »wir« gemeint seien. Es gäbe schließlich viele Merkels und Sauers.

Außerdem, so fügt sie hinzu, habe sie noch Nacktbilder von mir aus der DDR-FKK-Zeit in ihrer Schublade. Wenn ich Ärger machen würde, könne sie die jederzeit veröffentlichen. Ich sage ihr, ich hätte nichts dagegen, damals habe ich ja noch Sport gemacht.

Die Frau schwenkt resigniert um. Sie verspricht, als kleine Entschuldigung den Namen »Angela« als Lösungswort für das nächste Kreuzworträtsel zu nehmen. Man müsse ja auch ihre Lage bedenken. Wenn das Talent nicht für Journalismus reiche, müsse man halt skrupellos sein. Das habe auch die Bild Zeitung so erfolgreich gemacht. Außerdem, so gesteht sie am Ende, sei Recherche sowieso viel zu teuer für eine Zeitschrift über Prominente.

Angela hat Verständnis. Sie abonniert das Klatschblatt. Der Erhalt von Arbeitsplätzen, so sagt sie, habe oberste Priorität.

– – –

05.04.2017

Paris-Reise

Angela muss mit Kabinettskollegen zu einer EU-Konferenz nach Paris. Da der Kanzlerjet nicht über den TÜV gekommen ist, müssen wir mit dem Zug fahren. Der soll um 9 Uhr 14 vom Berliner Hauptbahnhof abfahren.

Das Reisezentrum ist völlig überfüllt. Angela will an der Schlange vorbeilaufen, entdeckt aber viele Senioren unter den Wartenden. Sie will auf keinen Fall ihre Stammwähler noch mehr verärgern. Deshalb suchen wir einen Ticketautomaten. Gabriel holt sich auf dem Weg in einem Zeitschriftengeschäft noch ein Spiegel-Magazin. Er lamentiert beleidigt darüber, dass er noch nie auf der Titelseite gewesen sei. Angela antwortet kokett, sie wisse gar nicht, ob sie da mal abgebildet worden sei. Eine ältere Dame kommt auf Angela zu. Sie sagt, sie versuche alle Spiegel-Titelseiten mit Angela zu sammeln. Sie hätte schon über 100. Gabriel ist jetzt noch beleidigter.

Dann stehen wir am Ticketautomaten. Wir kommen nicht zurecht. Angela ruft Professor Herbert Kroemer an. Den kennt Angela, weil er 2000 den Physik-Nobelpreis bekam für die Entwicklung von Halbleiterheterostrukturen für Hochgeschwindigkeits- und Optoelektronik. Der meint aber, diese Ticketautomaten seien ihm zu kompliziert.

Schäuble sieht, dass es für die Strecke keine Sparangebote gibt, und plant jetzt, die Deutsche Bahn grundsätzlich abzuschaffen.

Edmund Stoiber kommt zufällig vorbei. Er stammelt, als ehemaliger Europapolitiker kenne er sich mit Paris-Reisen aus. Seine erstaunlich dünnen Finger wirbeln über den Bildschirm. Zwischendurch kreischt er mehrfach, dass Paris nur zehn Minuten dauern würde und wir schon mal in den Hauptbahnhof einsteigen könnten. Er bucht zunächst viermal Parchim, dann dreißigmal Parsberg. Eine Seniorengruppe aus Bad Tölz zieht ihn schließlich couragiert vom Automaten weg.

Es ist mittlerweile 10 Uhr 30. Der Zug ist längst weg. Angela entscheidet genervt, am nächsten Tag zur EU-Konferenz zu fahren. Schäuble hält das für weise. Er meint, wenn wir Glück hätten, gäbe es die EU morgen schon nicht mehr und er könne sich die teuren Tickets sparen.

– – –

06.04.2017

Wahlplakat

Angela muss Fotos für die Wahlplakate machen. Sie wollte anfangs einfach die Fotos von 2005 nehmen, die, auf denen sie plötzlich eine Frisur hatte. Sie habe sich seitdem ja schließlich kaum verändert. Steffen Seibert druckste herum und seiberte, ihr Gesicht sei jetzt viel eindrucksvoller. Ihre Wangen hätten in den letzten Jahren viel mehr Bodenhaftung bekommen und auch um den Mund herum sei ihre politische Linie mittlerweile viel deutlicher geworden. Angela wird von den Worten schwindelig. Das ist immer Seiberts Ziel.

Am Nachmittag sitzt sie bereits mit Kollegen und einem Fotografen in einem Berliner Park. Ich finde, sie ist viel zu stark geschminkt. Seibert wendet ein, das sei ein ganz normales Tages-Make-up, das jeder normale Mensch trage – auch er.

Ein Russe spricht Angela an. Angela antwortet auf Russisch, sie sei keine Russin und außerdem ganz sicher nicht im richtigen Gewerbe für sein Anliegen. Danach bekommt sie ein dezenteres Make-up.

Für ein Fotomotiv ist geplant, dass Angela inmitten von Menschen steht und mit ihnen diskutiert. Um die Menschen darzustellen, hat man sich für die CDU-Frauengruppe Wilmersdorf entschieden. Das Ergebnis ist enttäuschend. Selbst ich kann Angela auf dem Foto nicht von den anderen Frauen unterscheiden. Volker Kauder schlägt vor, man könne ja einen roten Pfeil über Angelas Kopf zeichnen lassen. Aber alle sind dagegen.

Man setzt Angela jetzt vor einen Rosenbusch. Die Fotos mit ihr werden ganz schön. Findet auch Angela. Als wir jedoch genauer hinschauen, sehen wir, dass sich Peter Altmaier gerade genau an dem Busch erleichtert. Altmaier entschuldigt sich. Kauder findet, das sei egal, man würde ja auf Angela achten und nicht auf den Hintergrund. Seibert hält dagegen. Tests hätten ergeben, dass 80 Prozent aller Menschen bei Wahlplakaten mit Angela ausschließlich den Hintergrund wahrnehmen. Angela hat jetzt keine Lust mehr auf Fotos. Seibert überlegt, welche Fotoserie er nehmen soll. Er entscheidet sich für die »Alte« von 2005. Genau wie die CDU für den Wahlkampf.

– – –

07.04.2017

Happy Birthday Gerhard Schröder

Gerhard Schröder wird heute 73. Wie alt allerdings seine Haarfarbe wird, wisse man aber nicht, frotzelt Angela.

Wir betreten den Festsaal des Hotels gerade noch rechtzeitig zu seinem Auftritt. Aus einer Pipeline auf der Bühne strömt Gas, eine russische Tänzerin entzündet eine Flamme, Gerhard Schröder betritt die Bühne und steckt sich eine Cohiba an der Gasflamme an. Dann bewegt er seine Lippen zu einem eingespielten Lied namens »Hol mir noch 'ne Flasche Bier«. Alle klatschen mit. Das Lied hat ihn anscheinend berühmt gemacht.

Schröder ist heiser, und offensichtlich hat er schon das ein oder andere Glas getrunken. Nach seinem Auftritt begrüßt er Angela jedenfalls mit starrem Blick und fragt sie, ob sie ernsthaft glaube, sie könne Kanzlerin werden. Eine seiner Exfrauen flüstert ihm etwas ins Ohr, woraufhin Schröder entschuldigend meint, er sei halt lange nicht mehr in Deutschland gewesen. Er schenkt Angela einen Blumenstrauß, den er aus der Tischdekoration zusammengesammelt hat. Angela bedankt sich säuerlich. Dann fragt Schröder sie, ob sie denn schon wisse, was sie nach der Bundestagswahl mit all ihrer Freizeit machen wolle. Angela meint nur trocken »weiter regieren«. Schröder klopft ihr mitleidig auf die Schulter und fragt, ob elf Jahre Netzwerken nicht genug seien, um sich endlich einen vernünftigen Job zu besorgen. Seine Uhr blitzt auf. Sie kostet vermutlich mehr als unser Haus in der Uckermark. Inklusive Gewächshaus.

Neben mir steht ein dickes, grauhaariges Männlein und

krächzt mir wütend etwas ins Ohr. Angela meint, ich habe wohl eine Serviette in einen Tischmülleimer geworfen, der sei aber für Kronkorken gedacht.

Das Männlein ist Joschka Fischer.

Gott sei Dank muss Schröder jetzt eine Musikeinlage ansagen. Er sagt, er habe seine Wurzeln nicht vergessen und erinnere sich noch gern an die bescheidenen Abende, an denen man im Kreise der Familie mit rußgeschwärztem Gesicht alte Arbeiterlieder gesungen habe. Das würden jetzt seine Freunde vorführen. An einem Klavier sitzt ein englischer Mann mit Perücke, der sich John Elton nennt, und es singt eine amerikanische Frau namens Streisand. Im Chor seien wohl auch die beiden letzten Mitglieder der Beatles, erzählt man mir. Ich frage mich, ob das bei Gerhard Schröder zu Hause wohl auch so gewesen ist.

Angela nippt peinlich berührt an ihrem Champagner. Dann begrüßt Schröder seinen besten Freund. Der kommt auf die Bühne, und Schröder hebt ihn hoch, dass wir ihn alle sehen können. Es ist Wladimir Putin. Angela möchte jetzt gehen. Schröder ist beleidigt. In zehn Minuten werde im Hotelpool das Hochwasser nachgestellt. Als Überraschung habe er geplant, noch einmal in Gummistiefeln aufzutreten und »My Way« zu singen.

Wieder zu Hause findet Angela, dass der Abend für sie persönlich trotzdem hilfreich war. Sie hat von einem Gazprom-Manager eine Visitenkarte zugesteckt bekommen. Jetzt wackelt unser Küchentisch nicht mehr.

– – –

09.04.2017

Die Akte Altmaier

Angela hat zufällig gelesen, dass Peter Altmaier immer noch Single ist. Sie hatte immer gedacht, er sei verheiratet, habe für einen Ehering aber einfach zu fette Finger. Dass er keine Frau hat, findet Angela unhaltbar. Wie soll sie die christlichen Werte wie Ehe und Kindergeld verteidigen, wenn der eigene Kanzleramtschef jede Nacht alleine schläft? Wir überlegen, mit wem wir Altmaier verkuppeln könnten. Angela wiegelt jeden meiner Vorschläge ab: von der Leyen sei zu zierlich, die Nahles zu dominant, und die Drogenbeauftragte Marlene Mortler werde betrunken sehr aggressiv und nehme es außerdem nicht so genau mit der Körperpflege.

Schließlich melden wir Altmaier in einer Singlebörse im Internet an. Angela sucht ein Foto von ihm heraus. Sie meint, es würde einen besseren Eindruck machen, wenn er darauf nichts zu essen in der Hand hat. Es ist aber gar nicht leicht, so ein Bild zu finden. Irgendwann nimmt sie einfach das Foto von seiner Webseite, darauf lächelt er sehr freundlich und hat nichts in seinem Schmollmund. Wir schreiben einen Profiltext: »Staatlicher und stattlicher Kuschelbär im besten Alter sucht loyale Koalitionspartnerin. Melde Dich unter dem Stichwort: ›Schwer verliebt‹.«

Wir schauen nach ein paar Tagen ins Postfach, finden aber nur eine Nachricht von Claudia Roth, die ungefähr 30 rote Herzen und viele Smileys geschickt hat. Angela löscht die Nachricht und meint bloß, das habe der Peter nun wirklich nicht verdient.

Rezension DVD: *Fack Ju Ainstein*

★★☆☆☆ Tja

Wurde mir von Studierenden empfohlen, wollte aber nicht recht gefallen.

Die Story in Kürze: Der ehemalige Bankräuber und Lehrer Zeki Müller (Elyas M'Barek) ist jetzt Universitätsdozent für Atomphysik. Seine wissenschaftliche Assistentin Chantal und der Langzeitstudent Danger arbeiten unmotiviert vor sich hin, auch Müller zählt nur noch die Tage bis zur Verrentung. Er hat deutlich zugenommen und wiegt 165 Kilo. Seine Exfreundin Lisi, die dem Frauen-Lesben-Transgender-Rat der Uni vorsteht, macht ihm das Leben zusätzlich schwer mit immer neuen Sprachregelungen (»dx Atomkern*innen«).

Als sich ein ehemaliger Fußballprofi (Lukas Podolski) für Müllers Proseminar anmeldet, beginnt eine turbulente Woche, an deren Ende eine Beinahe-Kernspaltung in der Uni-Cafete und die Versöhnung von Müller und Lisi stehen.

Der Film ist doch sehr konventionell gemacht, und vermag trotz Starbesetzung (Christoph Waltz als Hausmeister) nicht zu fesseln. Der Uni-Alltag ist gut eingefangen, die Handlung aber letztlich unrealistisch.

— — —

11.04.2017

Seehofers Zeh-seh-uh

Den ganzen Abend klingelt bei uns das Festnetztelefon. Angela geht nie ran, wenn Horst Seehofer anruft. Im Kanzleramt hat ihre Frau Baumann eine Liste mit Ausreden, warum die Kanzlerin nicht zu sprechen sei. Aber die Liste ist langsam veraltet. Vor zwei Wochen hat ihre Frau Baumann aus dem Vorzimmer dem Seehofer erzählt, Angela sei gerade bei einem Treffen mit Gaddafi. Er hat es Gott sei Dank geglaubt.

Das andauernde Klingeln nervt. Angela legt die VHS-Kassette mit unserem Lieblings-Polizeiruf ein und stellt den Fernseher auf ganz laut. Sie hat Nerven. Aber ich gebe nach zehn Minuten auf. Ich gehe ans Telefon und melde mich mit Sauer. Horst Seehofer antwortet, das sei er auch. Er ist offenbar stark angetrunken, und im Hintergrund höre ich Wirtshauslärm. Er fragt, ob Angela vom Treffen mit Gaddafi wieder zurück sei. Ich verneine. Mit schwerer Zunge fährt er fort, ich solle Angela ausrichten, dass die CSU alle Straßen sperren werde, bis die Flüchtlingsobergrenze käme. Statt CSU sagt Seehofer allerdings Zeh-seh-uh, aber ich weiß, was er meint. Ich entgegne, ich sei kein Jurist, aber eine bundesweite Straßensperrung sei sicher schwer durchzusetzen. Horst brüllt mich an, der Alexander Dobrindt könne das. Dem würden die Straßen schließlich gehören. Es wird langsam peinlich. Seehofer spricht plötzlich mit einer Stimme, die wohl nach Dobrindt klingen soll. In dieser Stimme lallt er, dass der Horst völlig recht habe. Dann höre ich ein Glas umfallen und bayrische Flüche. Ich lege den Hörer auf, und Angela legt eine Trillerpfeife neben das Telefon. Sie sagt: Ende aus, Hofbräuhaus.

— — —

18.04.2017

Angela + Englisch = Angelish

Ich bin gerade am Institut angekommen und packe eine neue Lieferung Erlenmeyerkolben aus, als Angela aufgewühlt anruft. Die englische Premierministerin Theresa May sei da, der Dolmetscher aber nicht gekommen. Steinmeier habe ihn auf einem Flughafen irgendwo im Nahen Osten vergessen, könne sich aber nicht mehr genau erinnern, wo. Angela wird sehr bestimmt. Ich solle helfen, ich könne doch ein bisschen Englisch. Nun muss man zu unserer Verteidigung sagen, dass wir im Osten eher Russisch gelernt haben. Angela und ich können akzentfrei die Breschnew-Doktrin zusammenfassen, aber es fällt uns schwer, in einem englischen Pub ein Bier zu bestellen. Das muss dann immer einer der Personenschützer machen. Das mögen ja meist schlichte Gemüter sein, aber ich habe höchsten Respekt vor jemandem, der weiß, was Bier auf Englisch heißt.

Als ich im Kanzlerbüro ankomme, ist die Stimmung zwischen den Frauen irgendwie angespannt. Angela zupft angestrengt an ihrem Blazer und sagt: »Sis is Blazer.« Außerdem zeigt sie auf ihrem Handy Fotos von unserem Haus und stammelt dabei: »Sis is Haus.« Offenbar nicht zum ersten Mal, denn Theresa May guckt mich hilfesuchend an. Ich begrüße sie mit einem fröhlichen »Good Day« und lese die englische Übersetzung meiner Vorlesung über quantenmechanische Modellierung vom Blatt. Ab und zu zeigt Angela ihr noch mal unser Haus und ihren Blazer. Ich glaube, wir schlagen uns wacker, aber nach ein paar Minuten muss die englische Premierministerin los. Warum, verstehe ich nicht. Ich frage Angela, was sie eigentlich gewollt habe. Angela zuckt mit den Schultern und gibt mir einen Kuss. Sie kann bezaubernd lächeln, wenn sie dankbar ist.

Am nächsten Tag lese ich in der Zeitung, Theresa May freue sich über Angelas Zusage, den Brexit mit deutschen Steuergeldern zu finanzieren. Angela möchte *nicht* darauf angesprochen werden.

– – –

Einkaufsliste:

500 g $NaCl$
2 Kästen H_2O *(mit* CO_2*!)*
5 Päckchen $NaHCO_3$ *zum Backen*
1 kg $C_6H_{10}O_5$ *(z. B. Weizenmehl Type 405)*
Milch
Rotwein

– – –

21.04.2017

Happy Birthday, Queen Elizabeth

Angela muss nach London, um Queen Elizabeth persönlich zum 91. Geburtstag zu gratulieren. Steffen Seibert meint, ein Foto von Angela mit der Queen würde den Wählern zeigen, dass zwölf Amtsjahre lächerlich wenig sind. Angela mag die Queen. Mit ihr muss sie sich nicht über Inhalte unterhalten. Wir fahren mit dem Steinmeier. Der kann wenigstens Englisch.

Die Queen trägt zu einem pinkfarbenen Kleid einen neongrünen Hut. Angela mit ihrem orangen Blazer überreicht der Queen einen lilafarbenen Strauß Flieder. Steffen Seibert entscheidet sich, lieber ein Schwarzweißfoto zu machen.

Angela möchte von der Queen wissen, wie es ihr gehe, und startet das Gespräch mit einem fröhlichen »Go you good?« Die alte Dame bedankt sich. Angela könne den Joghurt in den Gabensaal legen. Angela schickt Steinmeier los, um aus irgendeinem Supermarkt Joghurt zu besorgen. Sie möchte der Queen jetzt ein Kompliment für ihre Kleidung machen und sagt: »You good dressing.« Die Queen bedankt sich auch für das Joghurtdressing. Angela ruft Steinmeier an. Er solle auch Joghurtdressing mitbringen. Steinmeier reagiert säuerlich. Angela überreicht ihr Geschenk: eine Packung Heiltee. Da Angela dazu »Heal Tea« sagt, muss Steinmeier auch noch eine Bohrmaschine besorgen. Er ist jetzt sehr wütend.

Als Angela sich von der Queen verabschieden will, ertönen genau vor uns 91 Salutschüsse aus einer alten englischen Granatkanone. Angela ist mit den Nerven am

Ende. Sie geht um die Ecke des Buckingham-Palastes. Normalerweise raucht sie nicht, aber sie ist froh, als ein junger Mann ihr eine Zigarette anbietet. Danach geht's ihr viel besser. Der junge Mann heißt wohl Harry Prinz und lebt hier. Ein bescheidener Junge, der sich seine Zigaretten selbst dreht. Nach der Zigarette lachen Angela und er sehr viel, dann wird Angela plötzlich schlecht. Irgendwann kommt Steinmeier schwer genervt zurück. Er drückt der Queen schroff eine Tüte mit Joghurtdressing und einer Bohrmaschine in die Hand. Die Queen ist mehr irritiert als amused. Aber ich glaube, wir Deutschen haben wieder einen sehr bemühten Eindruck hinterlassen.

— — —

01.05.2017

Seiberts Waschzwang

Angela kommt erschöpft nach Hause. Sie hatte ein Treffen mit Steffen Seibert wegen seines Waschzwangs. Sie würde ja akzeptieren, dass er sich alle fünf Minuten die Hände waschen müsse, aber bei einer einstündigen Pressekonferenz sei das ein Problem. Der Berg von Sagrotantüchern unter seinem Pult sei vor den Kameras kaum noch zu verbergen. Seibert hatte vorgeschlagen, man könne ihm ja einen Wasserhahn und ein Waschbecken unter dem Tisch installieren, aber Schäuble will das nicht finanzieren. Ausgerechnet Rain Man Schäuble. Der weigert sich sogar, über Fliesenfugen zu rollen. Der griechische Premierminister Tsipras hat sich extra sein Büro fliesen lassen, damit Schäuble ihn nicht mehr besucht.

Mir sind Steffen Seiberts rote Hände auch schon aufgefallen, aber ich dachte, das käme von dem Rouge, das er sich meines Erachtens auflegt.

Angela erzählt mir, dass Seibert abseits der Kameras durchsichtige Einweghandschuhe trage und alle Türklinken und Mikrophone mit Desinfektionsmittel besprühe. Aber Angela meint, er wäre ihr perfekter Pressesprecher. Keiner könne ihre Stellungnahmen so rückstandslos von Inhalten befreien wie er. Wer Inhalte habe, mache sich angreifbar, sagt sie immer.

Angela ist laut Küchenplan heute damit dran, die Kaffeemaschine zu säubern. Sie nennt das aber nicht säubern, sondern »seibern«. Hach, wenn doch mehr Wähler wüssten, wie witzig sie sein kann.

– – –

06.05.2017

Unheimliche Uckermark

Mit Angela im Ferienhaus in der Uckermark. Der Jüngste hat uns bei seinem letzten Besuch eine Online-Videothek eingerichtet. Das ist so wie eine echte Videothek, nur ohne Langzeitstudenten hinterm Tresen. Toll. Angela und ich wollen eine Tierdokumentation schauen und wählen einen Film, der das Wort »Lämmer« im Titel hat. Der entpuppt sich aber als Horrorfilm. Es geht um eine FBI-Agentin, die auf die Hilfe eines kannibalistisch veranlagten Wissenschaftlers angewiesen ist. Angela sagt, sie kenne die Situation. Sie müsse schließlich auch mit der CSU koalieren. Aber der Film wirkt. Am Ende haben wir beide Angst. Angela läuft durchs Haus und geht sicher, dass alle Türen abgeschlossen sind. Es könne ja sein, dass einer der zehn Bewohner der Uckermark ein Krimineller sei. Ich soll einen Handfeger holen, mit dem wir uns zur Not verteidigen können, traue mich aber nicht in den Keller. Plötzlich klingelt das Telefon. Angela geht ran und wird kreidebleich. Sie schaltet den Lautsprecher an, und wir hören eine dämonische Litanei. Dann merken wir, dass das doch nur der betrunkene Wolfgang Schäuble ist, der sich darüber beschweren will, dass ihm der de Maizière heute schon wieder am Bundestag den Behindertenparkplatz zugeparkt hat.

Wir versuchen zu schlafen, zucken aber bei jedem Geräusch zusammen. Ich spähe aus dem Fenster und sehe nur den Polizeiwagen vor dem Haus stehen. Doch Angela reicht das nicht mehr. Sie klingelt de Maizière aus dem Bett und verlangt sofort den Staatsschutz vor Ort. Sogar einer dieser Polizeipanzer soll dabei sein. Als de Maizière den Grund wissen will, lügt sie und behauptet, der IS hätte angerufen und mit einem Anschlag gedroht. Dann verspricht sie ihm noch Schäubles Parkplatz.

Eine Stunde später ist Angela selig eingeschlummert, nur ich kann nicht schlafen. Drei Probleme halten mich wach. Erstens: Wie wird der ausgeliehene Film eigentlich zurückgegeben, und müssen wir ihn zurückspulen? Zweitens die Tatsache, dass Angela immer wieder den Namen von Horst Seehofer murmelt und mir dabei in den Rücken tritt. Und drittens der nicht ganz unerhebliche Lärm durch den überm Haus schwebenden Polizeihubschrauber.

— — —

07.05.2016

An: Hausverwaltung

Von: Sauer/Merkel, Objekt Kupfergraben, Berlin-Mitte

Betr.: Spion

Liebe Frau Schmitz,
der Türspion in unserer Wohnungstür ist defekt, bitte um Beauftragung eines Handwerkers! Grüße, J. Sauer

09.05.2016
Liebe Frau Schmitz,
es hat sich noch niemand gemeldet. Ich kann Besucher durch dieses kleine Guckloch in der Wohnungstür kaum sehen. Bitte schicken Sie jemanden vorbei.

10.05.2016
Liebe Frau Schmitz, der Mann von »Rent-a-Schraubenzieher« war da, und offensichtlich war der Spion gar nicht kaputt. Anscheinend ist das normal, dass man die Leute da nur ganz klein durch sieht. Insofern hat sich die Sache erledigt. Vielen Dank, J. Sauer
PS: Beigelegte Rechnung geht aber in Ordnung. Der Herr hat einen zweiten Türspion in umgekehrter Richtung eingebaut, was mein Sicherheitsgefühl erheblich steigert. Man

kann jetzt auch von außen in die Wohnung hineinschauen, sodass ich beim Nachhausekommen überprüfen kann, ob vielleicht Einbrecher drin sind.

— — —

12.05.2017

Telefonat mit Erdowahn

Angela hat bei einer Rede im Bundestag erklärt, sie wolle den Gesprächsfaden mit der Türkei aufrechterhalten. Gar nicht so einfach. Ein geplanter Skype-Termin über den EU-Beitritt kommt nicht zustande. Erdogan hat wohl alle türkischen Server abbauen und vor Gericht stellen lassen. Sie seien angeklagt, einen gewissen Google aus Amerika zu unterstützen.

Wir fliegen nach Ankara. Erdogan hat unter seinem Palast mittlerweile einen Bunker errichtet. Er empfängt uns in einer Uniformjacke über einem Pyjama. Er sieht müde aus. Bei ihm ist nur sein Schäferhund. Der einzige Mensch, dem er noch vertrauen könne, knurrt er. Seine Frau sei zu ihrer Mutter gezogen. Sie habe wohl Yoga gemacht, und er hatte die Übung »Aufgehende Sonne« als Gülen-Bewegung erkannt. Angela versucht abzulenken. Sie entdeckt ein Bild an der Wand, bestehend aus lauter roten Stecknadeln. Angela fragt betont fröhlich, ob er das selbst gemacht habe. Erdogan sagt, das sei eine Weltkarte, auf der er alle Hauptquartiere von Gülen markiert habe. Allein 40 000 befänden sich in der Antarktis. Erdogan zeigt uns nun ein Verhörzimmer mit nur einem Stuhl. Hier könne er sich selbst vernehmen, falls er sich nicht mehr vertraue, berichtet er stolz. Angela entschließt sich, mit dem Thema EU noch zu warten. Sie sei ja schließlich noch mal zwölf Jahre im Amt, meint sie. Staatsoberhäupter haben manchmal eine merkwürdige Wahrnehmung.

– – –

16.05.2017

Foto mit Cem

Steffen Seibert ruft an und sagt, die Öffentlichkeit habe immer noch das Bild von Angela und dem weinenden Flüchtlingskind im Kopf. Für ihre Webseite müsste dringend ein Foto mit lachenden Kindern her. Seibert hat für uns einen Besuch in einem Flüchtlingsheim organisiert.

Dort angekommen, frage ich den ersten Asylbewerber, den ich sehe, wie er heiße und wie lange er schon hier sei. Er antwortet mir in hervorragendem Deutsch, sein Name sei Cem Özdemir und er wäre nur kurz vorbeigekommen, um Gras zu kaufen. Ich empfehle ihm ein günstiges Gartencenter in der Nähe, und er bedankt sich höflich. Dieser Cem macht jetzt schon einen gut integrierten Eindruck. Aber für Angela läuft es nicht so gut. Eine überarbeitete freiwillige Helferin hält Angela offensichtlich für eine Russlanddeutsche und versucht, ihr einen Cord-Anorak aufzudrängen, damit sie nicht mehr mit diesem alten Blazer herumlaufen müsse. Mutti drängt die Helferin höflich, aber bestimmt zur Seite und will schnell ein Flüchtlingsmädchen streicheln, doch ein Asylbewerber erkennt Angela. Er umarmt sie spontan und kippt dabei versehentlich seinen Teller Kichererbsenmus über ihren Blazer. Die Helferin legt ihr den Cord-Anorak um. Steffen Seibert wird nervös. Er will ein Gruppenbild mit Angela und lachenden Kindern vor ihren Stockbetten machen und dann schnell weg. Die Kinder schauen verängstigt, doch Angela hat eine Idee. Sie zieht sich einen Socken aus, stülpt ihn über die Hand und spricht abwechselnd mit den Stimmen von Schnatterinchen und Pittiplatsch. Die Kinder weinen, Seibert drückt auf den Auslöser.

Im Kanzleramt schauen wir uns das Bild an. Seibert murmelt irgendwas von einem Fotoshop. Die weinenden Kinder müssten weg, die Socke auf Angelas Hand, der alte Cord-Anorak und Angelas Schnatterinchen-Grimasse. Aber am Bildrand entdecke ich diesen Cem Özdemir. Lachend. Ich frage, ob man den nicht einfach auf Angelas Webseite zeigen könne. Ich ernte nur böse Blicke. Ich finde, manchmal sollten Politiker mehr auf die Stimme des Volkes hören.

– – –

19.05.2017

Giftige Petry

Angela und ich gucken ihre Lieblingsserie. Tagesschau. Frauke Petry lässt sich auf einem Marktplatz von einer Horde Betrunkener bejubeln. Angela guckt mich an und fragt: »Was hat diese Frau, was ich nicht habe?« Ich antworte: »Wähler.« Ihre Miene verfinstert sich. So guckt sie sonst nur, wenn Peter Altmaier mit dem Finger seinen Cappuccino umrührt.

Die Union hat mal analysieren lassen, welche Zielgruppe mit der AfD am meisten sympathisiere. Heraus kam, dass die Mehrheit der Deutschen sich nach einer rechten erzkonservativen Kraft sehnen würde, nach einer außerehelichen Beziehung und nach der PKW-Maut. Horst Seehofer darf seitdem keine Analysen mehr machen.

Ich kenne Frauke Petry besser, als mir lieb ist. Sie ist ja Chemikerin wie ich. An der Uni hat sie mich damals gefragt, ob ich ihr Doktorvater werden wolle. Bei ihrer Promotionsarbeit über »mimische Vivisektion«. Sie hatte nämlich einen zynisch spöttischen Gesichtsausdruck entwickelt, mit dem sie Ratten vergiften konnte. Als ich nachfragte, was das solle, sagte Petri nur leise, das sei erst der Anfang. Danach habe ich mich nie mehr getraut, ihr in die Augen zu sehen.

— — —

26.05.2017

Heiko Maasanzug

Wir sind bei Justizminister Heiko Maas zu einem Arbeitsessen eingeladen. Wir betreten das Haus durch eine große Flügeltür und stehen in einer holzverkleideten Halle. Ein

Dutzend Frauen bügeln hier teure Anzüge. Man sagt mir, ich sei in Heiko Maas' Kleiderschrank geraten. An den Wänden im Hausflur hängen große Fotos von Maas und einer Frau, händchenhaltend und küssend. Ich frage, wer dies sei. Maas zwinkert mir zu und sagt, sie wäre eine bekannte Schauspielerin namens Wörner, aber das täte nichts zur Sache.

Am Esstisch sitzen weitere Menschen. Seine politischen Vertrauten, meint Maas. Ein Fotograf von der Bunten, einer von der Glamour und ein Team von RTL. Maas zieht Anzugjacke und Weste aus. Er trägt einen Smoking darunter. Dann kommt diese Wörner von den Bildern herein. Heiko Maas sagt zu Angela, die Wörner sei zwar eine berühmte Schauspielerin, aber das täte nichts zur Sache. Alle fotografieren Maas und Wörner, händchenhaltend und küssend. Angela möchte mit Maas in Ruhe reden. Er bittet sie auf die Terrasse des Hauses, aber im Garten steht ein bestellter Rosamunde-Pilcher-Fanclub. Diese Wörner stellt sich neben Maas, die beiden halten Händchen und küssen sich. Maas holt Reis aus seiner Smokingtasche, wirft ihn hoch und spielt über sein Handy Glockengeläut ab. Die Pilcher-Fans sind aus dem Häuschen, und Maas verteilt Marzipanrosen mit dem Konterfei von ihnen beiden. Angela reicht's. Wir wollen gehen. Auf dem Weg nach draußen schaut Maas mich traurig an und flüstert mir zu, er fände es schade, dass die Öffentlichkeit mehr am Privatleben eines Politikers interessiert sei als an seiner Fachkompetenz. Am nächsten Tag bin ich im Institut dran mit dem Abwaschen der Petrischalen. Meine Frau ist eine berühmte Kanzlerin, aber das tut hier nichts zur Sache.

27.05.2017

SV Tasmania gegen SC Staaken 0:0

Steffen Seibert hat festgestellt, dass Angelas Beliebtheitswerte am höchsten waren, als sie während der Fußballweltmeisterschaft unserer Mannschaft zugejubelt hat. Solche Bilder ehrlicher Begeisterung würden im Wahlkampf sehr helfen. Angela sagt, als leidenschaftliche Fußballexpertin werde sie natürlich auch dieses Jahr die WM besuchen. Man erklärt ihr, dass eine WM nur alle vier Jahre stattfindet. Volker Kauder besorgt ihr aber eine Karte für ein Spiel von SV Tasmania Berlin in der sechsten Liga. Es ginge ja nur um die Jubelbilder.

Wir fahren zu einem Spiel gegen die Mannschaft des SC Staaken. Angela sucht vergeblich einen Tribünenplatz, aber es gibt keine Tribüne, nur ein Geländer. Unter den etwa 40 Zuschauern steht ein etwas verwirrter François Hollande. Den hat Angela extra eingeladen, um auf den Jubelbildern ein bekanntes Gesicht neben sich zu haben. Angela fragt einen Zuschauer, wo denn die Fernsehkameras stünden. Der antwortet: Beim FC Bayern. Alle lachen. Angela ist sauer, hat aber wie immer eine pragmatische Lösung. François Hollande muss Angela mit ihrem Handy filmen. Außerdem würde sie aus der Perspektive von Hollande noch mächtiger wirken. Ich glaube, Angela sagte etwas von Froschschenkel-Perspektive. Wir warten vergeblich auf ein Tor von einer der Mannschaften. In der Pause klagt Hollande, sein Arm sei lahm. Angela holt ihm zur Belohnung eine Bratwurst und ein Bier.

In der zweiten Halbzeit passiert es dann. Ein Stürmer

von Tasmania dringt in den gegnerischen Strafraum vor. Angela hebt schon die Arme. Dann wird der Spieler gefoult, aber der Schiedsrichter gibt keinen Elfmeter. Angela rastet aus. Sie läuft auf den Platz und schreit den Unparteiischen an. Das Verhindern von Jubelbildern sei eine bewusste Attacke gegen eine demokratisch gewählte Kanzlerin, lässt sie ihn wissen. Der Stürmer und der Vater des Torwarts halten Angela fest. Dabei ziehen sie ihr das Jackett aus. Es gibt Tumult. Wir bekommen vom Platzwart Hausverbot. François Hollande hat alles mitgefilmt.

Wieder im Kanzleramt, geben wir die Aufnahmen Steffen Seibert. Wir hören nie wieder etwas von der Sache. Aber im Vereinsheim von SV Tasmania Berlin hängt jetzt eingerahmt ein hellblauer Blazer.

— — —

Name: JoaChem49

Rang des Rezensenten: #15290894

Rezension: *Sprachführer Französisch*

★★★★☆ Recht ansprechend

Die Langundbreit-Sprachführer sind meist exzellent. Auch dieser macht da keine Ausnahme. Wir haben das Buch als Vorbereitung für einen Staatsbesuch bestellt, und meine Frau konnte den französischen Premier korrekt begrüßen (Küsschenreihenfolge links-rechts-links, wie auf Seite 78 beschrieben). A la bonheur! Problematischer war, dass ein eigenes Kapitel »Politische Kamingespräche im postfaktischen Zeitalter« fehlt und das Wort »Brexit« in dieser Auflage noch nicht vorhanden war. Daher 1 Stern Abzug.

— — —

30.05.2017

Shetland-Putin

Angela muss nach Russland. Beziehungspflege heißt das offiziell. Putin hat uns auf seine Datsche eingeladen. Das bedeutet meist, die beiden reden über geheime Sachen, und ich muss raus. Ich geh dann meist stundenlang durch die zugige Tundra spazieren und denke über den Permafrostboden nach. So ein Besuch kann sich ganz schön ziehen.

Putin empfängt uns mit zwei Rottweilern namens Ygor und Pjotr. Man muss wissen, Angela hat es nicht so mit Hunden. Sie ist als Kind mal vom Familienhund in die Hände gebissen worden, weil der genervt von ihrer Raute war. So etwas weiß der russische Geheimdienst, weil Angela das mal dem Gerhard Schröder erzählt hat. Putin nutzt diese Informationen schamlos aus, um sein Gegenüber einzuschüchtern. Putins Hauptproblem ist nämlich seine Körpergröße. Im Fernsehen sieht man das nicht, weil er sich nur zwischen Kindermöbeln filmen lässt, aber die Wahrheit ist: Putin reicht Angela gerade mal bis zur Hüfte.

Er spricht sehr gut deutsch, und Angela spricht sehr gut russisch, trotzdem verstehen sich die beiden nicht. Putin fürchtet immer, Angela könne irgendwann einmal in Russland einmarschieren. Angela hat Angst, Putin könne in Deutschland einmarschieren. Keiner von beiden hat das vor.

Angela steht ängstlich vor dem Haus und wird von Pjotr und Ygor angeknurrt. Putin bittet uns gar nicht erst herein. Es geht nämlich zur Bärenjagd. Er zieht seinen fleischfarbenen Anorak an, der aussieht wie ein nackter Oberkörper, und setzt sich auf ein Shetlandpony. Angela muss sich auf ein normales Pferd setzen. Zehn Meter hinter Putin. Dann sieht es auf Fotos so aus, als würden sie gleich groß nebeneinanderher reiten.

Ich gehe zu Fuß neben seinem Pferd. Dann sind Putin und ich auf Augenhöhe, und er ist entspannter. Ich erzähle ihm von dem russischen Chemiker Mendelejew, den ich sehr bewundere. Putin sagt, er bewundere Chemie auch sehr, würde aber lieber Raketen und Feuerwaffen einsetzen. Wir schweigen eine Weile.

Putin stöbert einen Bären auf. Der trägt zufällig ein Halsband und hat sich wohl versehentlich selbst angeleint. Putin gibt Angela eine alte Kalaschnikow. Mit dem Gewehr habe sein Vater 1943 viele deutsche Soldaten erschossen, erzählt er. Angela möchte keine Bären erschießen. Putin möchte. Und zwar noch zwanzigmal an diesem Tag.

Am Abend sitzen wir auf Bärenfellen. Sie sind noch warm. Angela spricht die Ukraine-Krise an. Putin ruft seine Hunde. Angela findet dann, es sei Zeit aufzubrechen. So läuft es immer. Zum Abschied tut Angela so, als ob sie sich freuen würde, Putin bald in Berlin begrüßen zu dürfen. Putin sagt, er freue sich schon auf den Berliner Bären. Dann lacht er dieses seltsame Lachen, von dem ich fürchte, dass es von Herzen kommt.

31.05.2017

Flecken mit Geschichte

Angela meint, sie hätte ihre Arbeitskleidung ja längst mal wieder in die Reinigung gebracht, wenn sie dafür nur Zeit hätte. Das bedeutet, ich soll gehen. Ich bringe drei ihrer Blazer zur Reinigung in der Nähe unserer Wohnung.

Die Frau am Tresen schaut mich sorgenvoll an. Woher denn der braune Fleck auf dem Ärmel des hellblauen Blazers käme. Sie wüsste nicht, ob der zu entfernen wäre. Ich rufe Angela an. Sie meint, sie sei mal mit einer chinesischen Delegation und der Union Essen gegangen, der Seehofer habe aber Schwierigkeiten mit den Essstäbchen gehabt und ihr seine gesamten Entenfleischstückchen entgegenkatapultiert. Ich sage der Reinigungsfrau, das sei Sojasauce. Angela gibt zu bedenken, der braune Fleck könne aber auch daher kommen, dass man ihr bei einem Besuch im Flüchtlingsheim mal einen Säugling auf den Arm gesetzt habe. Ich bleibe lieber bei der Sojasaucen-Erklärung.

Dann entdeckt die Reinigungsfrau einen schwarzen Fleck auf dem Kragen des gelben Blazers. Ich rufe Angela noch einmal an. Sie erzählt mir, nach der Elefantenrunde 2005 habe der betrunkene Gerhard Schröder sie küssen wollen, hätte aber noch seine Cohiba-Zigarre im Mund gehabt. Ich sage der Reinigungsfrau, das sei Asche. Angela gibt zu bedenken, der schwarze Fleck könne auch von dem Moment kommen, als der Dobrindt sie umarmt habe. Sie habe schon lange das Gefühl, seine Brille sei nur aufgemalt. Ich bleibe lieber bei der Erklärung mit der Asche.

Dann zeigt die Frau auf den blauen Blazer. Der hat einen

Schmutzfleck auf der Schulter. Angela erklärt, da habe ihr der kleinwüchsige Putin mit einem Besen freundschaftlich auf die Schulter geklopft. Mit seinem Arm würde er ihr nämlich nicht an die Schulter reichen. Das dürfe ich aber auf keinen Fall öffentlich machen. Da die Frau aus der Reinigung bestimmt auch keinen Krieg mit Russland will, sage ich, wir wüssten nicht, was das für ein Fleck sei.

Ich hole die Blazer ein paar Tage später wieder ab. Alle Flecken sind raus. Angela hat Steffen Seibert die transparenten Schutzhüllen versprochen. Er benutzt sie wohl immer als Pyjamas, da sich dort keine Bettmilben einnisten können, so glaubt er.

Ich sage zu Angela, wenn Blazer reden könnten, müssten die Geschichtsbücher umgeschrieben werden. Sie lacht sehr darüber.

– – –

Hallo Sohnemann, hoffe, es gefällt euch in unserer Datsche. Um euch ins WLAN einzuloggen – Netzwerkname: »Sauer/Merkel«, Passwort: Tetrapropylammonium.

Das wundert mich. Ich komme da immer ganz einfach rein. Hast du das richtige Netzwerk ausgewählt? Vielleicht stimmt mit deinem Tablet was nicht?

Was oft hilft: mal das Tablet ganz ausschalten, vom Strom trennen, fünf Minuten warten und dann wieder hochfahren! Probier es aus und schreib, ob du dann ins Netz kommst!

Ja, nimm's mir nicht übel, aber Kinder können vielleicht auch mal was anderes spielen als Computer! Im Garten vielleicht (aber bitte Vorsicht, Angela hat überall Kartoffeln und Tomatenpflänzchen im Boden!).

Das Passwort hatte ich dir ja in der ersten SMS geschrieben (natürlich zusätzlich verschlüsselt, das mach ich sicherheitshalber immer so!).

Ganz einfach: Tetrapropylammonium schreibst du natürlich nicht aus, sondern nur die chemische Formel! $(C_3H_7)4N+$ … dachte, das wäre dir klar.

Ja, leider: Anhänge über 4MB können schon mal ne halbe Stunde dauern, das ist auf dem Land so. Dafür ist der Vertrag wirklich unschlagbar günstig.

– – –

01.06.2017

Muttivation

Steffen Seibert stellt im Kanzleramt seine Ideen für Angelas Kampagne vor. Sein Vorschlag für das Wahlkampfmotto ist »CDU. Mit viel Muttivation«. Die Kombination aus Mutti und Motivation habe er sich selbst ausgedacht, sagt Seibert stolz. Ich glaube, er hat sich für die Präsentation extra schön geschminkt.

Ursula von der Leyen ist strikt gegen »Muttivation«. Sie

erklärt schnippisch, die Bezeichnung Mutti sei ausschließlich für biologische Mütter reserviert. Angela fragt gereizt, ob das heißen solle, sie sei nicht biologisch? Ursula könne ja mich mal fragen, wie biologisch sie sei. Ich bin überfordert.

Volker Kauder geht dazwischen und erklärt, Ursula habe sicher gemeint, dass Angela Physikerin sei und keine Biologin. Aber Ursula setzt nach. Die Ausbildung spiele keine Rolle, sie selbst habe Medizin studiert und trotzdem sieben Kinder bekommen. Die Situation eskaliert. Ob Ursula jetzt Frauke Petrys beste Freundin sei, möchte Angela wissen. Von der Leyen antwortet, sie möchte nicht mit Frauke Petry in einem Atemzug genannt werden, aber die Petry habe ja recht, wenn sie darauf hinweist, dass Angela keine Kinder habe. Angela springt auf, marschiert zur Tür und schreit, Supermutter Ursula könne ja selbst für das Kanzleramt kandidieren. Sie wäre sicher so erfolgreich wie Hillary Clinton. Dann knallt sie die Tür zu. Kauder möchte, dass von der Leyen hinterhergeht und sich bei Angela entschuldigt. Von der Leyen geht. Drei Minuten später kommt Angela wieder herein. Sie schreit, das Motto »Merkelvation« oder »Angelavation« sei überhaupt kein Kompromiss, sondern ein Drecksmotto. Ursula schreit ebenfalls. Sie verbitte sich Angelas Unterstellung, die Bundeswehr sei in so einem schlechten Zustand, weil von der Leyen sich von den Kinderbildern auf ihrem Schreibtisch zu sehr ablenken lasse. Peter Altmaier hält das für überdenkenswert. Daraufhin fragt von der Leyen den Altmaier eisig, warum er eigentlich noch nicht verheiratet sei? Kauder schlägt vor, die Frauen sollten lieber allein diskutieren. Wir gehen alle.

Nach einer Stunde kommen die Damen aus dem Zimmer. Sie lächeln sich zu. Beide finden, der Slogan: »CDU. Für Menschen mit und ohne Familien mit sieben oder weniger oder ganz ohne Kinder« sei ein tolles Wahlkampfmotto. Steffen Seibert findet das lieber auch. Ich möchte kein Politiker sein. Um Kompromisse zu finden, braucht man wirklich viel Professionalität.

– – –

05.06.2017

Killerspiele

Angela braucht für ihren Wahlkampf unbedingt ein neues Thema. Horst Seehofer hat in einer alten Akte der CSU aus den 90ern die Forderung gefunden, Computerspiele zu verbieten, da Kinder dadurch zu Amokläufern werden würden. Angela findet das Thema innere Sicherheit gut und will sich selbst ein Bild von diesen Killerspielen machen.

Wolfgang Schäuble hat so eine Konsole gekauft. Die könne er am nächsten Tag als defekt wieder zurückgeben. Die schwarze Null müsse schließlich stehen, sagt er. Die Fraktion hat sich bei uns zu Hause versammelt, und wir versuchen, ein Gerät namens Plai-Station anzuschließen. Horst Seehofer soll einfach nur die Anleitung vorlesen, kommt aber immer wieder auf die Flüchtlingsobergrenze zu sprechen. Angela beschließt daher, aus dem Bauch heraus zu entscheiden. Das hat sie bei der Atomkraft auch so gemacht.

Die Fraktion steht aber nicht geschlossen hinter ihr. Man kann sich nicht darauf einigen, was dieses Netzteil eigentlich sein soll. Als wir endlich alles verkabelt haben, sind wir enttäuscht. Kein Spiel zu sehen. Wolfgang Schäuble langweilt sich und schaltet den Fernseher ein. Das war der entscheidende Punkt. Wir haben drei Spiele. In dem ersten Spiel geht es um einen kleinen Handwerker, der wohl Super Mario heißt und bereits nach wenigen Schritten in einen Abgrund stürzt und stirbt. Alle diskutieren, ob dieses Spiel Jugendliche zum Selbstmord anstifte. Als Wissenschaftler vermute ich, man hätte auf dem Steuergerät Knöpfe drücken müssen, dann wäre die Figur vielleicht nicht gestorben. Ich solle mich raushalten, meinen alle. Im zweiten Spiel geht es um Fußball. Davon haben Politiker nur Ahnung, wenn Weltmeisterschaften sind und sie von hastig durchgewunkenen Gesetzesvorlagen ablenken müssen.

Das nächste Spiel ist dann endlich so etwas wie ein Killerspiel. Der Spieler hat viele Waffen und muss viele Gegner töten. Ursula sagt, sie wolle diesen Stumpfsinn mal ausprobieren. Nach einer halben Stunde hat sie die gesamte russische Armee vernichtet, allein mit einem Messer. Die nächsten zwei Stunden befehligt sie über ein Headset 200 jugendliche Mitspieler im Internet und sprengt am Ende die Erde. Dieses Szenario war wohl von den Programmierern nicht vorgesehen, jedenfalls stürzt das Spiel ab, und von der Leyen bekommt einen Wutanfall. Sie könne alle umbringen, brüllt sie.

Das Fazit der Kollegen ist, man könne von der Leyens Reaktionen nicht auf Jugendliche übertragen, da von der Leyen niemals Jugendliche war. Das Thema Killerspiele wird zu den Akten gelegt.

Am nächsten Tag erklärt Schäuble die Konsole als vermisst. Von der Leyen hat zufällig gerade jetzt eine Woche Urlaub genommen. Aus Forschungsgründen, wie sie behauptet. Wir müssen das glauben, immerhin war sie mal Ärztin.

– – –

Liebe Gäste!
Willkommen in Hohenwalde in der schönen Uckermark in unserer »Datsche«, wie man hier sagt! Diese kleine Wegbeschreibung soll es euch ermöglichen, sicher und bequem vom Ferienhaus zur Badestelle am See zu gelangen:
Von der Terrassentür geht ihr nach links zum Zaun und öffnet das kleine Törchen zum Nachbargrundstück. Dort werdet ihr wahrscheinlich schon von »Killer« erwartet, der auf den Nachbargarten aufpasst. Es ist ein Listenhund (vulgo Kampfhund), aber an und für sich freundlich. Er lässt sich mit einem Stück »Deutschländer-Würstchen« meist bestechen. (Daran denken, dass es auf alle Fälle »Deutschländer-Würstchen« sind und nicht etwa Chorizo oder ein anderes ausländisches Wursterzeugnis. Achtung: Für den Rückweg noch eine Wurst zurückzubehalten!)
Diesen Garten durchquert ihr und klettert am hinteren Ende über den Metallzaun. An einer Stelle hat der Stacheldraht ein paar Lücken. 100 Meter weiter seht ihr ein Holzhäuschen, wo normalerweise Ronnie sitzt, der

euch sicherlich in ein Gespräch über Weltpolitik verwickeln wird. Ronnie lebt dort bewusst einsam und hat recht originelle Ansichten. Seine Waffensammlung ist ganz beeindruckend. Ein Tipp: Vermeidet die Begriffe »Grenze«, »Regierung«, »Integration« und »Gelassenheit«, Falko ist Reichsbürger und leicht reizbar.
Nach zwei bis drei Stunden könnt ihr euch verabschieden und dem Pfad am Feldrand entlang zum Wäldchen folgen. Vorsicht, dort gibt es illegale Schlagfallen (angeblich für ausgewilderte Wölfe), in die man leicht treten kann!
Am kleinen Badestrand liegen in der Regel schon Handtücher – die solltet ihr nicht berühren! Die Dorfbewohner legen sie meist im März/April schon aus, um damit ihre Liegestellen zu markieren.
Viel Spaß am See!

– – –

06.06.2017

Dinner mit Oettinger

Bin mit Angela in Brüssel. Zuerst wollte sie mich nicht mitnehmen. Das sei einfach zu teuer, sagte sie. Und dann fügte sie hinzu: »Solide Finanzen sind wichtig. Weil wir an morgen denken.« Das kommt mir vor allem deshalb so bekannt vor, weil es bei der letzten Bundestagswahl ein CDU-Slogan war. Im Wahlkampf kommuniziert sie oft nur noch in kurzen, prägnanten Sätzen. Letzte Woche vor meiner Wurzelbehandlung hat sie nur gesagt: »Stark bleiben.

Für Deutschland.« Alle im Wartezimmer haben mich mitleidig angeschaut.

Durfte dann doch noch mit nach Brüssel, musste auf der Fahrt zum Flughafen aber in der Limousine mit den Personenschützern sitzen. Die sind immer so schnell genervt von mir. Einmal will ich das Schiebedach öffnen und drücke aus Versehen den Knopf für die Sirene. Vor uns erschrickt sich ein Mercedesfahrer und fährt in die Leitplanke. Wir wollen anhalten, doch Angela signalisiert aus ihrer Limousine nur: Weiterfahren!

Brüssel ist wie Berlin. Nur dass die Leute nicht so schlechte Laune haben. Abends treffen wir uns mit ganz vielen Abgeordneten zum Abendessen beim Chinesen. Einer der Politiker muss einen schlimmen Schlaganfall hinter sich haben – er redet ganz komisch. Angela stellt ihn als Günther Oettinger vor und sagt, er sei EU-Kommissar. Ich bin kurz überrascht, dass der Mann so gut chinesisch spricht, aber dann merke ich, dass das tatsächlich sehr schlechtes Englisch ist.

Nach dem Essen gibt es Glückskekse. In dem von Angela steht: »Wer die Wahl hat – hat die Qual.« Sie muss an ihren Wahlkampf denken und bekommt schlechte Laune. Sie empört sich, dass diese Chinesen da reinschreiben können, was sie wollen, und fordert eine EU-Norm für Glückskeksspüche. Angela schlägt vor: »Die Voraussetzung für Glück ist die Einhaltung des Stabilitätspaktes.« Da dieser Glückskekszettel nicht in den chinesischen Norm-Glückskeks passen würde und bayrische EU-Abgeordnete am Tisch Druck ausüben, einigt man sich auf »Wenn's Arscherl brummt, ist's Herzerl g'sund.« Währenddessen lese ich meinen Spruch: »Sie werden Ihre große Liebe finden.« Ich schaue Angela an und denke mir: Hab ich doch schon längst …

– – –

09.06.2017

Köhlers Delphin-Therapie

Angela erwähnt wieder diese Work Life Balance. Das heißt, ich soll ihr ein neues Hobby suchen. Aber diesmal lieber ohne Menschen, wie sie ausdrücklich wünscht. Ich schlage ihr Schwimmen vor. Morgens um sechs, so denke ich, ist die Schwimmhalle sicher leer. Aber ich habe mich getäuscht. Die Halle ist gut gefüllt, und mit ihrem Erscheinen senkt Angela das Durchschnittsalter um glatte zehn Jahre. Sie schließt ihre Kleidung und ein noch nicht gelesenes Konzept im Spind ein. Ich muss mit in die Halle, um am Beckenrand ihr Handy bereitzuhalten, falls jemand anruft.

Angela ist gerade im Wasser, als das Handy klingelt. Es ist Horst Köhler. Sein Psychiater habe ihm dringend geraten, seine Amtszeit als Bundespräsident in Würde zu beenden, und ob man sich deswegen nicht mal treffen könne. Angela entgegnet, sie sei gerade in einer wichtigen Sitzung zum Thema Flüchtlingskrise. Köhler antwortet, er könne sie sehen. Als sie sich umdreht, winkt Köhler aus dem Nichtschwimmerbecken. Er macht dort offensichtlich eine Delphin-Therapie. Angela will schnell wegschwimmen, gerät aber in eine Gruppe von Seniorinnen bei der Aquagymnastik. Eine dicke Person mit Blumenbadekappe fordert Angela fröhlich auf, doch mitzumachen. Es ist Peter Altmaier. Sie ignoriert ihn. Ein Pfiff ertönt. In den beiden Bahnen nebenan veranstaltet Ursula von der Leyen ein Wettschwimmen mit ihren Kindern. Angela steigt aus dem Becken und geht zu ihr herüber. Warum die Kinder denn beim Schwimmen Rucksäcke tragen müssten, fragt sie. Von der Leyen erklärt ihr, Bundeswehr-Kampfschwimmer müssten Minen dabei haben, daran solle sich ihr Nachwuchs schon einmal gewöhnen. Als dann auch noch Sahra Wagenknecht in einem knappen roten Bikini einen Doppelsalto vom Zehnmeterturm macht, hat Angela keine Lust mehr.

Der Bademeister spricht mich an. Er erzählt mir ungefragt, dass er nach vielen beruflichen Enttäuschungen endlich seine Bestimmung gefunden habe. Jetzt wisse er, warum er schon sein ganzes Leben lang in der Öffentlichkeit eine Chlorbrille getragen habe. Angela zieht mich weg in Richtung Umkleidekabine und fragt, was Rudolf Scharping denn von mir gewollt habe.

Am Spind stellt Angela fest, dass sie das Armband mit dem Schlüssel verloren hat. Sie will deswegen kein Aufsehen erregen, und so fährt sie im Badeanzug nach Hause. In einem Spind in der Badeanstalt befinden sich ab jetzt ein hellblauer Blazer, eine schwarze Hose, schwarze Schuhe und ein Konzept zur Entmachtung von Erdogan.

— — —

15.06.2017

Gabriels Achterbahnfahrt

Das Kabinett hat in einer dreitägigen Klausur den diesjährigen Betriebsausflug beschlossen. Die Brauereibesichtigung aus dem letzten Jahr, so war man sich einig, solle nicht wiederholt werden. Peter Altmaier hatte man danach erst nach drei Tagen auf der Siegessäule wiedergefunden. Er hatte eine Barbiepuppe in der Hand und versuchte, imaginäre Flugzeuge abzuwehren. Das dürfe nicht noch einmal passieren. Man einigt sich auf einen Besuch im Freizeitpark. Dieser wird vollständig vom Bundesgrenzschutz abgesperrt, angeblich wegen der Sicherheit, aber Schäuble zwinkert mir zu, man müsse dann vor den Attraktionen nicht so lange anstehen.

Im Park schlägt Volker Kauder Sigmar Gabriel eine Achterbahnfahrt vor, das sei die SPD ja schließlich gewohnt. Gabriel ist beleidigt, stimmt aber dem Vorschlag am Ende zu. So ist es immer mit der SPD, meint Angela. Da es niemandem gelingt, Sigmar Gabriel nach Ende der Fahrt aus seinem Wagen zu ziehen, muss er die nächste Fahrt ebenfalls machen.

Gauck und Angela und ich setzen uns ins Riesenrad. Gauck philosophiert, von oben betrachtet sähen die Sorgen und Nöte der Menschen so klein und nichtig aus. Das würde ihm auch am Amt des Bundespräsidenten so gefallen. Nach einer gefühlten Ewigkeit ist die Fahrt zu Ende.

Andrea Nahles fragt uns, ob wir Öl oder Seife dabeihätten, der Gabriel stecke immer noch im Achterbahnwagen fest. Er mache mittlerweile seine fünfte Fahrt.

Angela und ich genießen die Geisterbahnfahrt, als plötzlich ein alter Mann hinter uns sitzt und uns mit norddeutschem Dialekt fragt, ob er Feuer haben könne. Als Angela nach der Fahrt das Personal darauf anspricht, dass die Idee mit dem Helmut-Schmidt-Darsteller sehr originell gewesen sei, schütteln die Mitarbeiter nur den Kopf und sagen, sie wüssten nicht, wovon sie redet. Unheimlich.

Alles in allem war es ein gelungener Ausflug. Als wir nach Hause kommen, ist unser Anrufbeantworter voll mit Nachrichten. Sie stammen von einem Mann, aber er ist kaum zu verstehen, wegen des lauten Ratterns im Hintergrund. Er schreit, wenn ihn nicht sofort jemand aus der Achterbahn hole, würde er seinen Parteivorsitz abgeben. Manchmal scheint es mir, als habe Angela gar keine richtigen Gegner.

— — —

17. 06. 2017

Biss zur Beatrix

Angela hat eine schriftliche Einladung zum Abendessen bekommen. Der Absender auf dem braunen Umschlag lautet Beatrix Amelie Ehrengard Eilika von Storch, geborene Herzogin von Oldenburg. Darunter ganz klein der Adressat: Angela Merkel, Bürgerliche. Ich beherrsche Sütterlinschrift nicht so gut, aber als Grund für das Treffen gibt von Storch das Ausloten gemeinsamer Werte mit der AfD an. Die Einladung macht Musik, wenn man sie öffnet:

»Wildgänse rauschen durch die Nacht«. Angela hat keine Lust, aber Volker Kauder hat ihr geraten, hinzugehen und einen Fotografen mitzunehmen. Auf einem Bild mit der von Storch zusammen würde Angela richtig frisch rüberkommen. Mutti guckt säuerlich, aber sie will den Kauder nicht demütigen. Das habe die Natur schon genug getan, sagt sie immer.

Ich muss leider mit. Wir sitzen im Schloss von Storch an der langen Tafel im Thronsaal. Das Dienstmädchen sei leider verhindert, Beatrix habe sie zu ihrem Hausarzt geschickt, zu einer Schädelvermessung. Es gibt Eisbein mit Sauerkraut. Über uns am Gemäuer hängt ein Adler. Von Storch erzählt stolz, dass sie den selbst erlegt habe. Als ich einwerfe, dass der Adler in Deutschland unter Naturschutz stehe, erwidert sie, sie habe ihn auf österreichischem Boden erwischt, als sie auf ihrem Hochsitz auf Flüchtlinge gewartet habe. Angela fühlt sich unwohl und kommt auf das Thema Politik zu sprechen.

Von Storch plappert sofort los. Sie habe die Politik quasi im Blut, schließlich war ihr Großvater Johann Ludwig Graf Schwerin von Krosigk nach dem Selbstmord Goebbels' einmal kurz stellvertretender Reichskanzler. Er habe sogar den höchsten Orden des Dritten Reichs bekommen. Sie habe ihn im Keller verwahrt und ob ich ihn mal sehen wolle. Ich weiß nicht, ob sie den Orden oder den Großvater meint, und winke ab. Von Storch redet immer schneller. Von Volk, Bestimmung und Erbgesundheit. Dabei fährt sie stehend im offenen Wagen um den Esstisch. Als sie aus dem Saal rollt, um ein Modell von Germania zu holen, schleichen Angela und ich uns raus und fliehen über die von Fackeln illuminierte Marmortreppe in die Freiheit.

Einkaufsliste:

- *Drogeriemarkt: Toilettenpapier (2lag.! Wenn Angebot 3lag. Recyc.), Bilder v. Entwickeln abolen*
- *Aldi: Überw.-kamera-Attrappe für Wohnung Berlin, TK-Rouladen + Grauburgunder (Tetrapak) + Puddingdessert für Abendessen Dobrindt*
- *Üzgür-Elektro: Rauchmelderattrappe für Labor Berlin wg. neuen Sicherheitsvorschriften*
- *Euroladen: 25 Duftbäume für Fahrbereitschaft (Vanille oder Eukalyptus)*

– – –

22.06.2017

Treuepunkte, ohne zu kleben

Angela und ich müssen einkaufen. Normalerweise kaufen die Personenschützer für uns ein, aber die vergessen meist den Einkaufszettel und bringen nur Bier und Grillfleisch mit. Im Supermarkt besorgen wir Tiefkühlgemüse und einen günstigen Weißwein. Das scheinen außergewöhnliche Produkte zu sein, denn viele Menschen fotografieren uns. An der Kasse fragt die freundliche Kassiererin, ob Angela eine Payback-Karte habe. Angela verneint, sagt aber, sie habe eine Karte für Karat im nächsten Monat. Ich verstehe die Kassiererin so, dass man mit der Payback-Karte Geld sparen kann. Angela ruft bei Schäuble an und fragt, ob sich das lohne. Schäuble kennt die erforderliche Punktezahl für jede einzelne Prämie und meint, er habe allein durch strategisch bundesweit gestreute Schokomüsli-Käufe die Dienstwagenflotte des Finanzministeriums finanziert. Und dank Treue-Coupons von Heckler und Koch hätte Ursula von der Leyen beim Kauf der G36-Gewehre sogar noch einen Handstaubsauger dazubekommen. Dann geht er ins Detail. Die Warteschlange wird hörbar ungeduldig und Kasse 2 öffnet. Wo man denn so eine Payback-Karte herbekomme, fragt Angela die Kassiererin. Diese holt ihre Kollegin von Kasse 2. Die Warteschlange wird wütend. Während Angela mit Hilfe der Kassiererinnen das Formular ausfüllt, verteilt der verzweifelte Supermarktleiter kostenlose Brie-Häppchen und Prosecco an die Kunden. Nach etwa einer halben Stunde sind die Kassen wieder geöffnet. Angela hat jetzt ihre Payback-Karte. Als wir den Laden verlassen, ruft Thomas de Maizière an. Ein helles Surren in seiner tonlosen Stimme deutet darauf hin, dass er gute Laune hat. Dank der Payback-Karte, so freut er sich, habe er jetzt zu jeder Zeit auch Angelas Standort auf dem Monitor.

Angelas Payback-Karte liegt seitdem in der Küchenschublade.

— — —

23.06.2017

An die Red. »Schülerzeitung Marie-Curie-Schule Kirchentellinsfurt«

Haupstraße 8

72138 Kirchentellinsfurt

Sehr geehrter Herr Chefredakteur Lukas und Marie,
vielen Dank für Ihre freundliche Anfrage nach einem Interview mit dem Gatten der Bundeskanzlerin! Aus Termingründen sowie aus persönlichen Erwägungen kann ich Ihrer Bitte leider nicht entsprechen. Prinzipiell gebe ich keine Interviews, auch »Homestorys« lehne ich ab: Ich will keiner Kommerzialisierung meiner Person Vorschub leisten.
Mit freundlichen Grüßen, Ihr Prof. Dr. Sauer

25.06.2017

An die Red. »BILD-Zeitung Chefredaktion«

Axel-Springer-Straße 65

10888 Berlin

Sehr geehrter Herr Chefredakteur Dickmann,
vielen Dank für Ihre freundliche Anfrage nach einem Interview mit dem Gatten der Bundeskanzlerin! Aus Termingründen sowie aus persönlichen Erwägungen kann ich Ihrer Bitte leider nicht entsprechen. Prinzipiell gebe ich keine Interviews, auch »Homestorys« lehne ich ab: Ich will keiner Kommerzialisierung meiner Person Vorschub leisten.
Mit freundlichen Grüßen, Ihr Prof. Dr. Sauer

25.06.2017

An die BILD-Zeitung, Herrn Dickmann persönlich!

Sehr geehrter Herr Dickmann,
eben bemerke ich, dass Sie gar nicht mehr Chefredakteur sind, sondern Herausgeber, und dass Ihr freundliches Schreiben keine Interviewanfrage war, sondern eine Einladung zur »Garden Party«. Ich hatte zuerst nur auf den Briefkopf geachtet, Entschuldigung. Leider müssen wir auch die Einladung ablehnen: Prinzipiell gehen wir auf keine Partys von Herausgebern. Ich will keiner Kommerzialisierung meiner Person Vorschub leisten.
Mit freundlichen Grüßen, Ihr Prof. Dr. Sauer

28.06.2017

An die BILD-Zeitung, Herrn Dickmann persönlich!

Sehr geehrter Herr Dickmann,
vielen Dank, auch im Namen meiner Frau, der Bundeskanzlerin der Bundesrepublik Deutschland, für den schönen Abend gestern bei Ihnen! Es war richtig von Ihnen, meine Frau doch zu überreden zu kommen, wir haben uns sehr amüsiert. Vor allem der Rumba, zu dem mich diese junge BUNTE-Redakteurin aufgefordert hat, oh, là, là!
Ich hoffe, der Rotwein geht aus dem schönen Teppich wieder raus, wenn nicht, melden Sie sich bitte – ich habe da noch einen Fleckentferner »Marke Eigenbau«, der kriegt alles raus!
Mit freundlichen Grüßen, Ihr Prof. Dr. Sauer

30.06.2017

An die BILD-Zeitung, Herrn Diekmann persönlich!

Lieber Kay Diekmann,
zerknirscht muss ich zugeben, dass mir bis eben die richtige Schreibweise Ihres Nachnamens unbekannt war, danke, dass Sie mich freundlich darauf hinwiesen.
Ebenso anerkenne ich natürlich die Inrechnungstellung von € 9800,– für die Neuanschaffung der kleinen Perserbrücke und des Teppichbodens darunter. Ich hatte die Wirkung meines selbst hergestellten Fleckentferners unterschätzt. Meine Arbeitshandschuhe sind ja ebenfalls durchgeätzt worden! Vielleicht lässt sich der Betrag etwas reduzieren, wenn Sie mal bei meinem bevorzugten Teppichladen vorbeischauen: Orient-Isnogud in der Müllerstraße in Berlin-Wedding, »Wir schließen demnächst seit 1978«.
Herzlich: Ihr Joachim Sauer

PS: Haben Sie die fabelhafte Homestory auf bunte.de über mich gelesen?

— — —

04.07.2017

Schäubles Sparpreis

Da der Kanzlerjet immer noch repariert wird, müssen Angela und Kabinettskollegen mit der Bahn nach Paris fahren. Schäuble hat einen Sparpreis gebucht. Die Strecke führt von Berlin und Lübeck über Aschaffenburg, Moskau und München nach vierstündigem Aufenthalt in Kopenhagen direkt nach Budapest. Danach geht es weiter mit dem Bus nach Paris. Pro Kopf für nur 39 Euro 99, wie Schäuble frohlockt.

Wir haben ein Abteil in der zweiten Klasse gebucht. Das ist ein bisschen eng, aber Gabriel sitzt sowieso die ganze Zeit im Bahn-Bistro. Nach etwa 20 Minuten Fahrt kommt eine Mutter mit drei Kindern und sagt schüchtern, wir hätten uns bei den Plätzen geirrt, sie habe hier reserviert. Schäuble antwortet gereizt, er habe immerhin den Bundeshaushalt aufgestellt und würde ja wohl noch eine Sitzplatzreservierung hinbekommen. Es stellt sich heraus, dass wir im falschen Wagen sitzen.

Der Zug hat drei Minuten Aufenthalt. Angela tut etwas Ungewöhnliches. Sie entscheidet schnell. Ich muss Schäubles Rollstuhl nehmen, und Angela nimmt Schäuble huckepack. Unsere ganze Reisegruppe rennt so über den Bahnsteig zum Eingang des nächsten Wagons. Völlig erschöpft dort angekommen, fragt uns ein Junge verwundert, warum wir nicht einfach die Durchgangstür zwischen den Wagen genommen hätten. Angela schnauzt ihn an. Er habe keine Ahnung, wie ein deutscher Dienstweg aussehe.

Als wir endlich in unser Abteil kommen, sitzt dort bereits eine Gruppe Nonnen. Die Platzreservierung sei wohl ausgefallen, ihre Plätze wären besetzt gewesen und Gott habe ihnen dieses Abteil zugewiesen. Steffen Seibert erklärt sich bereit, den Nonnen die Plätze zu überlassen, falls die dafür sorgten, dass Angela noch während des Wahlkampfs heiliggesprochen würde. Angela unterbricht ihn und entscheidet, dass wir jetzt alle ins Bistro gehen.

Im vollbesetzten Bistro sitzt Gabriel bei seiner dritten Portion Nürnberger Würstchen und fragt, ob wir gute Plätze haben. Angela ruft Alexander Dobrindt an: Er solle die verdammte Maut stoppen und ab sofort jedem Menschen einen Zuschuss zahlen, wenn er nur die verdammte Autobahn benutze! Dobrindt plant jetzt an den Mautstellen 100 Euro Begrüßungsgeld auszuzahlen. Irgendwie wird sich das schon rechnen.

– – –

06.07.2017

BHs Aussitzen

Angela ist schon den ganzen Tag gereizt, weil in ihrem Kalender steht, dass sie neue BHs kaufen muss. In der DDR war das ganz einfach. Wenn es mal keine Unterwäsche gab, haben wir einfach Löcher in unsere alten Plaste-Turnbeutel geschnitten. Das hat beim Gehen ein bisschen geknistert, aber im Osten waren wir nicht so empfindlich gegenüber Körpergeräuschen wie hier. Unterwäschekauf ist für Angela wie das Bärenfettshampoo, das Putin ihr geschenkt hat: Sie hasst es. Sie wollte sogar mal ihre Personenschützer losschicken, um ihr einen BH zu besorgen. Die würden sich auskennen, die hätten schließlich auf ihren Handys Hintergrundbilder, auf denen große Brustumfänge zu sehen sind. Angela denkt oft erstaunlich praktisch. Einmal hat sie mit Ursula von der Leyen über die lästige BH-Suche gesprochen. Aber die nimmt einfach immer ein Geschirrhandtuch. Das funktioniert bei Angela aber nicht. (Wer sie damals in ihrem grünen Abendkleid gesehen hat, weiß, dass sie nicht nur ihr Amt voll ausfüllt.)

Die Kanzlerin holt mich nach meiner Vorlesung vom Institut ab, und wir fahren zu Karstadt. Im Geschäft angekommen, wird sie sofort von einer älteren Frau angesprochen, die sie für eine Verkäuferin hält. Die fragt, wo denn die Thermohosen zu finden wären. Angela ignoriert sie höflich. Als Angela langsam die Rolltreppe hochfährt, winkt sie. Kanzler machen so was wohl, wenn sie irgendwo eine Zeitlang stehen müssen.

Wir betreten die Unterwäscheabteilung. Die Regale mit den Büstenhaltern sehen aus wie ein Stofftsunami. Angela findet innerhalb von fünf Minuten die strittigen Rohmilchkäse-Passagen auf 9000 TTIP-Vertragsseiten, aber wie soll sie das hier meistern?

Eine Verkäuferin kommt auf Angela zu und fragt, ob sie die Vertretung aus der Porzellanabteilung sei. Angela ist gereizt. Sie versucht, der Verkäuferin zu beschreiben, wie ihr BH geschnitten sein soll, als Gabriel anruft. Während Gabriel Angela erklärt, er könne morgen wegen einer Stirnfaltenentzündung nicht in den Bundestag kommen, fragt die Verkäuferin, ob Angela mit Spitze wolle oder ohne. Angela antwortet: Spitze. Gabriel bezieht das auf sich und legt beleidigt auf. Angela will mit sechs ausgewählten hautfarbenen Bügel-BHs zur Umkleidekabine, darf aber nur fünf mitnehmen. Sie verliert die Nerven und schreit die Verkäuferin an. Sie habe die Nase gestrichen voll von dem ganzen Obergrenzen-Gequatsche.

Drei Minuten später sitzen wir wieder im Auto. Ich sehe

Angelas Gesicht an, dass sie sich entschieden hat, auch das Thema BH einfach auszusitzen. Ich werde ihr vorsichtig einen Otto-Katalog auf den Nachttisch legen.

– – –

14.07.2017

Adelstreffen

Ursula von der Leyen hat Angela mit zu einem Adelstreffen genommen. Bei Vertretern rückständiger Traditionen habe die Union von jeher ihre Stammwählerschaft, so Ursulas Argument. Das überzeugt Angela.

Der Spiegelsaal eines Schlosses in München ist mit sehr gut gekleideten Menschen bevölkert. Angela trägt ihr wundervolles grünes Bayreuth-Kleid. Über dem Rotweinfleck, der entstand, als Stoiber in der Pause angeheitert wild den Dirigenten imitierte, hat Steffen Seibert eine Brosche drapiert. Angela ist enttäuscht, denn wir werden nicht beachtet. Ich bin verwundert, dass wir hier sein dürfen, denn Karl Theodor zu Guttenberg wurde nicht hereingelassen. Er hatte wohl seine Einladung von 2010 einfach abgemalt.

Ein seltsamer Mann mit dem Gesicht eines unausgeschlafenen Säuglings begrüßt uns endlich. Angela und ich können uns seinen langen Namen nicht vollständig merken. Ich präge mir Schaumburg ein. Angela merkt sich, dass auch Lippe und Alexander darin vorkommen. Der Mann sagt immer wieder, dass er Pferde liebe und Orangenbäume. Das reicht hier wohl für ein Gespräch.

Angela erschrickt. Beatrix von Storch steht plötzlich neben uns. Sie fragt Angela, ob diese ein Geheimnis bewahren könne. Angela sagt vorsichtshalber, sie könne. Aus ihrer Trachtenjacke zieht von Storch einen Blechbecher. Dies sei, so erzählt sie mit flatternden Augenlidern, der Heilige Gral. Ihr geliebter und – wie sie hinzufügt – von nichts wissender Großvater habe den Kelch Jesu auf einer Expedition mit Heinrich Himmler in Jordanien gefunden. Als Angela fragt, wieso auf dem Gral »Weinfest Obersalzberg 1942« stehe, rastet von Storch aus. Sie schreit, wir seien doch nur Stalins Partisanen. Aber dann kommt ein Fotograf von »Adel aktuell«. Die Zeitschrift wird wohl von weltinteressierten Adeligen sehr gern gelesen. Von allen fünf. Von Storch krallt sich in Angelas Hand und schüttelt sie intensiv. Nach dem Foto fliehen wir sofort. Wir bekommen von dem Herrn Lippe Schaumburg das Bild als Erinnerung in einem goldenen Rahmen zugeschickt. Es ist sehr merkwürdig. Auf dem Foto streckt Angela ihre Hand ins Leere. Beatrix von Storch ist nicht zu sehen.

– – –

17.07.2017

Happy Birthday

Liebe Angela! Du weißt, ich bin kein Freund großer Worte, sondern eher einer der naturwissenschaftlichen Theorie. Darum hier meine kleine chemische Glückwunsch-Collage zu deinem Geburtstag:

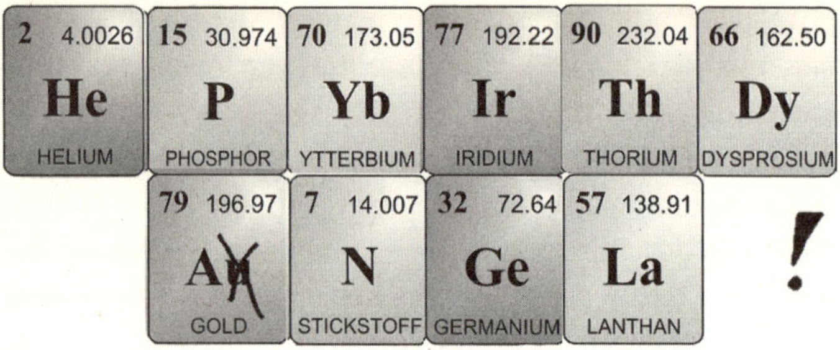

– – –

18.07.2017

Wo ist Angela?
Zu meiner großen Verwunderung wache ich heute im Besenschrank auf. Ich habe unglaubliche Kopfschmerzen. Nach einigen Überlegungen fällt mir ein, dass gestern Angelas Geburtstag war. Mein Sakko ist viel zu groß. Ich finde darin ein Adressbuch mit Münchner Swinger-Clubs. Ich trage offenbar das Jackett von Horst Seehofer. Die kläglichen Reste meines Smokings finde ich in der Spüle. Sie riechen stark nach Phosphor. Offenbar habe ich wieder versucht, die Geburtstagsgesellschaft mit chemischen Experimenten zu unterhalten. Ich suche im Schlafzimmer nach Angela, aber dort liegen zwei andere unbekleidete Personen. Ich schließe vorsichtig die Tür. Eigentlich ist es ja ganz positiv, dass sich Sahra Wagenknecht und Volker Kauder endlich verstehen. Im Flur wankt mir Anton Hofreiter entgegen. Er stammelt, er würde gern wissen, wer

ihm SPD auf die Stirn gemalt habe. Wir stellen leider fest, dass ihm die Buchstaben eintätowiert wurden, finden aber eine einigermaßen brauchbare Lösung: Hofreiter trägt ab jetzt einen Pony bis zu den Augenbrauen. Er sieht ein bisschen wie Gundula Gause aus.

In der vollen Badewanne schwimmt ein Goldfisch. Ich erinnere mich, dass Steffen Seibert den nachts noch aus seiner Wohnung geholt hat. Ich glaube, er hatte stundenlang darüber referiert, dass der Goldfisch bei ihm zu Hause einfach zu viel Dreck mache und er mit dem Desinfizieren seiner Wohnung gar nicht mehr hinterherkäme. Da hat Angela sich wohl bereit erklärt, dem Fisch Asyl zu gewähren. Jedenfalls liegt auf dem Toilettendeckel ein mit Lippenstift ausgefüllter Asylantrag.

In der Küche schläft Sigmar Gabriel in Schäubles Rollstuhl. Schäuble selbst sitzt auf dem Boden in Angelas Arbeitszimmer. Um ihn herum liegen haufenweise Papiere. Er hat im Vollrausch mal wieder all unsere Heizkostenabrechnungen überprüft. So was macht er nur, wenn er richtig in Partystimmung ist. Er lallt benommen, dass wir 36 Euro 58 aus den letzten zehn Jahren zurückbekämen.

Angela finde ich nirgendwo. Ich mache mir schon Sorgen, als plötzlich mein Telefon klingelt. Eine sehr müde Angela erklärt mir, sie habe sich auf dem Weg zum Badezimmer verlaufen und sei eben auf einem Flughafen in Äquatorialguinea aufgewacht. Sie hoffe, sie habe heute Nacht keine folgenreichen Staatsgeschäfte getätigt. Jedenfalls hätte Putin sie gerade angerufen und gefragt, ob ihr Heiratsantrag auf seinem Anrufbeantworter ernst gemeint sei. Angela beschließt, zu ihrem nächsten Geburtstag wieder Rotkäppchen-Sekt zu kaufen. Mein selbstgebrannter

Gin sei zwar günstiger, gefährde aber die Zukunft der parlamentarischen Demokratie. Trotz allem, finden wir aber, war es eine gelungene Feier.

– – –

19.07.2017

Der Ex war da

Abends kommt Angelas Exmann zu Besuch. Ulrich Merkel. Mit dem war sie vor mir fünf Jahre verheiratet. Er begrüßt sie mit »Fräulein Kasner«. Das ist ihr Mädchenname. Und sie nennt ihn »Stinki«. In einer zehn Quadratmeter großen Studentenwohnung ist man sich halt sehr nahegekommen. Ulrich Merkel bedankt sich für die Einladung, und Angela bedankt sich für den Nachnamen.

Er schenkt ihr eine Flasche DDR-Club-Cola. Beide erklären mir gleichzeitig, wie sie darin als Physikstudenten 1978 ein Stück Keramik-Isolierung eingelegt hatten, um die Veränderung der Leitfähigkeit von Strom zu beobachten. Angela habe das Glas wohl eines Nachts beschwipst ausgetrunken und auf das Keramikteil gebissen. Seitdem lispele sie ein wenig. Beide schütten sich aus vor Lachen. Da muss man wohl dabei gewesen sein.

Dann fragt Angela nach einem Günther, und Ulrich antwortet, der habe die Barbara geheiratet. Angela imitiert mit den Fingern eine Brille und bläst ihre Wangen auf. Das soll wohl eine dicke Frau darstellen. Beide lachen sehr. Auch da muss man wohl dabei gewesen sein.

Dann erzählt mir Ulrich beiläufig, dass ihre Ehe schon am Ende gewesen sei, als Angela was mit einem kubanischen Austauschstudenten angefangen habe. Sie sei ja damals schon für Flüchtlinge gewesen.

Angela entgegnet schnippisch, wenn Leute wie er damals ein größeres Interesse an Fortpflanzung als an Thermodynamik gehabt hätten, dann bräuchte der Arbeitsmarkt heute keine Zuwanderung. Ulrich schaut mich an, aber ich war ja damals nicht dabei.

Jetzt behauptet er zornig, das Fräulein Kasner würde die ganzen Leute doch nur ins Land lassen, um nachträglich seine Eltern zu ärgern. Angela springt weinend auf. Stinki solle gefälligst ihre Familien aus dem Spiel lassen. Sie schaltet wütend n-tv an und dreht auf sehr laut. Er solle doch mal sehen, über wen sich die Welt unterhalte. Über Fräulein Kasners Weltpolitik oder Stinkis schimmelige Physikvorlesungen.

Ulrich springt auf und schreit, sie habe von Physik keine Ahnung, deswegen hätte sie ja jetzt auch einen Chemiker geheiratet. Er läuft raus und knallt die Tür zu. Über den Abend kann ich nur eins sagen: Ich wünschte, ich wäre nicht dabei gewesen.

— — —

Rezension: *Thermomix-Kochbuch für Chemiker*

★★☆☆☆ Leider enttäuschend

Nach den vielen Medienberichten über den Thermomix hatten wir uns erhofft, mit einem

solchen Gerät im Labor der Chemischen Fakultät viel Arbeit zu sparen. Stickstoff-Tribromid in den Topf, passenden Rührbesen einsetzen, Programm starten, fertig.
In diesem Buch sind allerdings wider Erwarten nur Rezepte für die Küche! Für männliche Singles mit naturwissenschaftlicher Studienrichtung, die sonst nur von Tiefkühlpizza leben, genauer gesagt.
Meine Studierenden haben dann doch einige Laborversuche mit dem Gerät gemacht.
Resultat: Der teure Thermomix war nach sechs Stunden hinüber. (Sieht stabiler aus, als er ist. Schon leichte Explosionen schaden der Mechanik.)

– – –

22.07.2017

Flohmarkt

Angela meint, in all den Jahren ihrer Regierungszeit habe sich so viel Kram angesammelt, man käme vor lauter Abstauben kaum noch zum Regieren. Steffen Seibert schlägt ihr vor, einen Flohmarkt zu veranstalten. Man könne die Einnahmen in einer offiziellen Aktion an ein Kinderheim übergeben. Im Keller des Kanzleramts habe man sowieso noch einen übergroßen Scheck für solche Fotos. Angela antwortet, sie fände den Vorschlag angenehm ökonomisch. Das sagt sie immer, wenn sie emotional berührt ist.

Auf Angelas Tapeziertisch liegt auch das Schlemmer-Kochbuch, das Kohl ihr zum Amtsantritt geschenkt hat. Sie habe es einmal durchgeblättert und dabei acht Kilo zugenommen, erzählt sie gern. Ich kann das bestätigen.

Sie bietet auch dieses Ding an, das Silvio Berlusconi ihr überreicht hat. Meines Erachtens ist das ein pinker Plastikphallus, aber Angela meint, das solle bestimmt der schiefe Turm von Pisa sein. Mit Batterie eben. Ich habe nicht mit ihr diskutiert.

Sie versucht auch, den alten Mantel zu verkaufen, den sie von Hans-Dietrich Genscher hat. Angela ist sich bis heute nicht sicher, ob er ihr den wirklich schenken wollte oder ob sie ihm nur hineinhelfen sollte.

Christian Wulff kommt mit einem Stapel Handtücher vorbei. Die könne Angela verkaufen, sagt er. Auf den Handtüchern steht »Hotel Adlon«. Wegen der Spende ans Kinderheim müsse man aber noch mal reden. Die Schmuckkollektion seiner Frau laufe nicht so gut wie erhofft und auf die AIDA-Kreuzfahrt wäre er vom Reisebüro wohl doch nicht eingeladen gewesen. Angela hat kein Interesse.

Nebenan hat Ursula von der Leyen Ärger an ihrem Stand mit dem Ordnungsamt wegen ihrer Waffen. Sie argumentiert, verboten sei ja nur der Verkauf von alten funktionstüchtigen Gewehren, ihre Gewehre seien aber nagelneu und völlig unbrauchbar. Sie setzt sich durch.

Wolfgang Schäuble war es zu teuer, einen Stand zu buchen, er hat lediglich eine Decke ausgebreitet. Auf der liegen ein Primzahlen-Memory, die Kreditkarte von Alexis Tsipras und alle Sparkassen-Knacks-Comics von 1975 bis 1983.

Am Ende des Tages kommen für das Kinderheim 80 Cent zusammen. Von der Leyen hat nämlich Angela ihre Bundesverdienstkreuz-Anstecknadel abgekauft. Die findet von der Leyen sehr praktisch. Wenn sie mit ihren Kindern tauchen geht, verklebe unter Wasser ständig die Düse ihrer Haarspraydose, sagt sie.

Wann die Geldübergabe ans Kinderheim stattfindet, ist noch nicht bekannt.

– – –

29.07.2017

Petrys Plan

Volker Kauder macht sich Sorgen. Diesmal geht es nicht wieder darum, dass er Angst hat, seine Augen würden in der Mitte zusammenwachsen, sondern er befürchtet, dass die AfD der Union zu viele Stimmen abnehme. Angela solle doch mal unauffällig herausfinden, wie die Petry so ticke.

Frauke Petry empfängt uns zu Hause. Sie lebt in einer gekachelten 30-Quadratmeter-Wohnung, die ihr auch als Chemielabor dient. Frau Petry sitzt uns an einem langen OP-Tisch gegenüber. Sie trägt einen weißen Kittel, den dunkelbraunen Herrenhaarschnitt sauber gescheitelt. Als Chemiker bin ich beeindruckt von ihrem antiken Apothekerregal mit verbotenen Kampfstoffen. Das sei bloß eine Liebhaberei, beteuert sie. Noch, wie sie hinzufügt. Petry versucht Smalltalk und landet nach einer Minute beim Thema Homo-Ehe. Angela hat im Prinzip nichts gegen

Homosexuelle, aber als Klaus Wowereit angekündigt hat, den Berliner Flughafen als Marlene Dietrich eröffnen zu wollen, musste Angela die Einweihung um Jahre verschieben. Unvermittelt stellt Petry ein kleines Fläschchen mit einer schwarzen Flüssigkeit auf den Tisch. Ins Trinkwasser geschüttet, würde das die Menschen in ganz Deutschland ent-homosexualisieren. Petry lächelt triumphierend. Um das Land zu retten, schnappe ich mir das Fläschchen und trinke es auf Ex aus. Doch das Gebräu macht mich nicht besonders heterosexuell, ich habe einfach nur drei Tage Durchfall. Selten war ich so erleichtert.

— — —

31.07.2017

Neues Outfit

Steffen Seibert macht sich Sorgen um den Wahlkampf. Die Wähler sollten das Gefühl haben, mit Angelas Wiederwahl etwas Neues zu bekommen. Entweder durch neue Inhalte oder durch neue Kleidung. In einer nächtlichen Krisensitzung entscheidet sich die Fraktion für die Kleidung.

Das ist ein Problem. Was nämlich ihre Kleidung betrifft, da vertraut Angela nur Frau Täscher, der Besitzerin des Damenmodengeschäfts Bröcker in Templin. 2005, während ihres ersten Wahlkampfs, gab's dort zehn Blazer mit passender schwarzer Hose für 19 Euro 99. Angela hat zugegriffen und wurde prompt Kanzlerin. Seitdem ist sie abergläubisch.

Sie bestellt Frau Bröcker ins Kanzleramt. Die bringt ihre neue Herbstkollektion mit. Angela gefallen die Strickjacken mit den gestickten Blumen. Die gebe es schließlich in vier verschiedenen schicken Pastellfarben und das reiche ihr, meint sie. Sie sei ja nicht die Queen, die jedem Modetrend hinterherlaufen müsse. Seibert hat Bedenken. Auch die dunkelblaue knautschige Samtmütze hält er für trutschig, wie er ungewohnt offen anmerkt.

Ich mag Angela ja am liebsten, wenn sie beim Wandern während eines Unwetters die Kapuze ihrer Regenjacke ganz fest um ihr Gesicht zieht. Aber Vollverschleierung kommt bei CDU-Wählern nicht gut an.

Steffen Seibert kommt jetzt mit einem sehr gepflegten, etwas übergewichtigen Modeexperten in einer Lederjacke. Der Mann gibt ihr mit einem süffisanten Lächeln 500 Euro und meint, sie solle jetzt mal schön shoppen gehen, aber nicht, dass sie wiederkäme wie die Mutter von Schweinchen Dick. Angela findet das nicht witzig und fragt den Mann, wer er überhaupt sei. Der Mann antwortet schnippisch, er sei der Guido-Maria, käme von Vox und sie fände ihn nur deshalb nicht witzig, weil sie keine Hausfrau sei. Er rauscht beleidigt raus.

Am Abend steht Angela traurig vor ihrem Kleiderschrank. Ihre Blazer, farblich abgestuft nebeneinander aufgereiht, sehen aus wie ein teurer Buntstiftkasten aus dem Westen.

Sie ruft bei Steffen Seibert an. Sie habe sich entschieden. Er solle ihr zügig ein paar neue Themen besorgen.

– – –

Die schlechte Bedienungsanleitung

30.07.2017

An: Chinalektro Import Agency Duisburg-Marxloh

Betr.: Kaffeemaschine

Sehr geehrte Damen und Herren,
ich bin kein technischer Laie und bediene seit vielen Jahren die verschiedensten elektrischen Hausgeräte. Dies vorausgeschickt, wende ich mich an Sie mit einer Bitte: Entweder nehmen Sie den von mir gekauften Kaffee-Vollautomaten »Pressnetto 365 Gold« umstandslos und portofrei zurück, oder Sie erklären mir, wie man ihn bedient – die mitgelieferte Anleitung ist völlig untauglich. Wahrscheinlich liegt es an der Übersetzung. Es ist mir noch nicht ein Mal gelungen, trinkbaren Kaffee damit herzustellen. Ich habe Verständnis dafür, dass bei einem Gerät, das mit einem Kampfpreis von unter 50 Euro auf den Markt kommt, gespart werden muss. Aber bitte nicht so!
Sie schreiben: »Beim Zusammenbau der Dachkalotte C achten Sie auf die Oilme, der nicht in Stellung 1 benommen sein darf.« Das habe ich exakt befolgt, die Dachkalotte wackelt aber. Nun gut, da kann ich drüber wegsehen.
Schlimmer ist jedoch, dass Sie angeben: »Dem Kaffeepulver geben in Fillter Ein Satz (4c) und drehen fest fest bis zum Rasten unter der Schmockhaube.« Das geht überhaupt nicht! Wie Sie selbst auf Seite 143 der Anleitung feststellen, ist die Schmockhaube »druckdicht am Flansch, aber drehfrei im üblichen Gebrauch«, und somit kann da nichts rasten. 200 Gramm gute Kaffeebohnen sind bisher verloren, und als Resultat kann ich nur zwei große braune Flecken auf

der Arbeitsfläche vorweisen. So habe ich mir das Espressoerlebnis nicht vorgestellt.
In Erwartung Ihrer Antwort verbleibe ich mit freundlichen Grüßen, Ihr J. Sauer

02.08.2017
Betr.: Re: Kaffeemaschine
Vielen Dank für die kulante Regelung, ich schicke die Maschine umgehend zurück. MfG, Sauer

– – –

01.08.2017

Beim Heu-Horst

Angela hat heute einen Gesprächstermin bei Seehofer in seinem Privathaus. Sein Anwesen liegt bei München im Dörfchen Seehof. Angela fragt im Ort bei Metzgerei Seehofer nach dem Weg. Ein Altbayrisch-Dolmetscher muss kommen. Der übersetzt uns den Weg zum Heu-Horst. So nennt man Seehofer hier, weil er wohl schon viele Damen in seine Scheune eingeladen habe. Wir fahren an der Bäckerei Seehofer vorbei über den Seehofer Weg zum Seehof. Hier residiert die Familie Seehofer seit zehn Generationen.

Der bayrische Ministerpräsident empfängt uns in seinem 2000 Quadratmeter großen Bauernhaus. Wir setzen uns vor einen riesigen Kamin, in dem er ein kleines Birkenwäldchen verbrennt. In einem begehbaren Schrank steht eine Blaskapelle und spielt »Da Kaiser liabt sei Landl«. Seehofer schließt die Schranktür, um die Musik etwas zu dämpfen. Über dem Kamin hängt ein Mammutkopf. Das Mammut sei, so Seehofer stolz, nach einem mehrtausendjährigen Winterschlaf einfach aus seiner Höhle gestolpert, als er gerade auf Wolpertinger-Jagd war. Mit nur 30 Schüssen habe er es erlegt, prahlt er. Das mache ihm niemand nach, fügt er hinzu.

Uli Hoeneß ist auch da. Bei Angelas Anblick schnellt er aus seinem Sessel und legt Angela einen Steuerbescheid vor. Er habe den Gewinn des FC Bayern in Höhe von 20 000 Euro voll versteuert, schreit er. Angela stutzt. Sie habe von einer wesentlich höheren Summe gehört, entgegnet sie. Hoeneß läuft erst rot an und dann hinaus. Er telefoniert mit seinem Anwalt.

Seehofer sagt, er würde Angela jetzt in seine »geheime Kommandozentrale« führen. Im Keller seines Hauses hat er eine riesige Modelleisenbahnlandschaft aufgebaut. Das sei Bayern in den Grenzen von 2050, frohlockt er. Ich kann auch Italien entdecken. Angela deutet auf ein großes Regal an der Wand. Was sich denn in den Kartons befindet, fragt sie. Seehofer blickt jetzt sehr stolz. Modell-Lokomotiven und -Waggons im Werte von über einer Million Euro. Angela ist beeindruckt. Sie fragt, ob sie mal eins der Modelle aus dem Karton nehmen dürfe. Seehofer packt sie grob am Arm und schnaubt, wenn die Kartons einen einzigen Knick bekämen, würde der Sammlerwert ins Bodenlose sinken. Er lasse die Züge nur im Geiste über die Platte fahren. Der Horst setzt sich jetzt eine Schaffnermütze auf und macht Zuggeräusche. Ab und zu sagt er Sachen wie: »Nächster Halt Bayrisch Hamburg« und Ähnliches.

Hoeneß kommt in den Keller gestürmt. Sein Anwalt habe ihn benachrichtigt, der Gewinn des FC Bayern liege jetzt wohl doch bei 200 000 Euro. Angela ist die Situation unangenehm. Sie möchte zur Sache kommen. Sie fragt Seehofer, ob er seine Haltung zur Flüchtlingspolitik geändert habe. Seehofer raunt nur versonnen, es sei alles beim Alten, wie seit Hunderten von Jahren.

Angela ist genervt. Wir fahren nach Hause. Auf dem Weg durch die Almen meint Angela aber, wenn sich grad auch vieles ändere, auf die Bayern, da sei wenigstens Verlass.

— — —

04.08.2017

Mächtige Angela

Angela behauptet, im Kanzleramt gemobbt zu werden. Heute hat sie zufällig gehört, wie sie von einer jungen Praktikantin »*die mächtigste* Frau der Welt« genannt wurde. Ich bin irritiert und sage: »Aber du BIST doch die mächtigste Frau der Welt!« Da sagt Angela wütend: »Die meinte ja auch nicht mächtig so im Sinne von ich-hab-ne-WhatsApp-Gruppe-mit-allen-Staatspräsidenten-mächtig, sondern mächtig vom Körper her.«

Nun gut, Angela ist natürlich keine Michelle Obama oder Carla Bruni, und ich war auch schon immer der Schlankere von uns beiden – aber das geht dann doch zu weit! Selbst wenn sie ein paar Kilo zugenommen hat – na und? Ist doch logisch: Der ganze Stress. Das viele Sitzen. Überall die Ganzkörpergemälde von Helmut Kohl. Da verliert man die Relation. Und dass die Nahles die Sakkotaschen immer voller Schokobons hat, das hilft ja auch nicht gerade.

Angela wühlt in der Kiste mit den Flohmarktsachen und holt ihre aussortierten Sport-BHs raus. Ab morgen will sie wieder regelmäßig walken gehen. Die Personenschützer halten das für keine gute Idee. Sie sagen, dass sie so kurzfristig die Gully-Deckel nicht zugeschweißt bekommen. Aber auch das bezieht Angela nur wieder auf ihr Gewicht und schließt sich wütend im Arbeitszimmer ein. Durch die Tür höre ich ein Knistern. Als ich im Vorratsschrank nachsehe, fehlt die Tüte Kesselchips. Ich flüstere ihr durch die Tür zu: »Angela, ich bin immer noch schwer in dich verliebt, also schwer nicht im Sinne von mächtig, sondern … ach egal.

– – –

Mein Herz ist weich und nicht aus Stein.
Tribrom-Amin könnte es sein.
Oder die Kieselsäure Si-OH-4,
die pocht und klopft und bebt in mir.
Mein Herz, es schlägt von früh bis spat
für dich, mein Merkel-Angelat!

– – –

06.08.2017

Urlaub bei Juseppe

Endlich haben wir Urlaub und wollen wegfahren. Thomas de Maizière empfindet das als Provokation. In den Urlaub zu fahren oder bei der ISIS anzuheuern sei seinem Informationsstand nach dasselbe, sagt er immer. Aber Angela meint, es sei für ihre Arbeit unglaublich wichtig, auch mal was anderes zu sehen. Deswegen fahren wir seit 20 Jahren nach Ischia. Da wohnen wir immer drei Wochen lang in der Pension von Giuseppe. Der hat sechs kleine Doppelzimmer. Eins bewohnen Angela und ich, in die anderen kommen die Personenschützer. Mit zwei Zustellbetten passen jeweils vier Männer in ein Zimmer. Dann bleibt alles für den Steuerzahler in einem erträglichen Rahmen, findet Angela.

Angela liebt den »Juseppe«, wie sie ihn immer nennt. Für ihn haben wir auch ein bisschen Italienisch gelernt. Als wir ankommen, begrüßen wir ihn mit einem fröhlichen »Bongohno«. Juseppe freut sich, ist aber etwas gestresst, weil der BND noch dabei ist, die Zimmer auf Abhörwanzen hin zu untersuchen. Juseppe meint beleidigt, seine Pension sei sauber, außerdem wären Wanzen sowieso zu »stupido«, um Staatsgeheimnisse zu kapieren. Wir setzen uns an den kleinen Tisch neben der Rezeption und bestellen auf Italienisch unser Essen. »Nudeln con Soße«. Aus der Küche kommt Juseppes Frau Maria gelaufen und umarmt uns herzlich. Sie fragt, ob jetzt wieder drei Wochen lang Tag und Nacht ein Hubschrauber über der Pension kreisen würde. Angela erklärt ihr, diese Sicherheitsmaßnahme sei leider nötig und unauffälliger als Wachtposten vor der Pension. Man wolle ja nicht, dass das ganze Dorf erfährt, dass wir da sind.

Am Nachmittag versammelt sich die Dorfbevölkerung vor dem Haus und bittet Angela, etwas gegen den Hubschrauberlärm zu unternehmen. Angela ist gerührt und stellt in einer Stellungnahme in Aussicht, sich zeitnah um das Problem zu kümmern. Ich weiß, was sie damit meint. Sie will auch dieses Problem aussitzen. Anschließend wollen wir uns an einem kleinen Straßenstand ein Eis kaufen. »Tarramisu« für Angela und »Strazzitelli« für mich. Wir fühlen uns schon wie richtige Italiener. Der Verkäufer schnarrt tonlos in akzentfreiem Deutsch durch seinen langen Bart, er habe nur Rum-Trüffel. Wir vermuten, es ist Thomas de Maizière, sagen aber nichts.

Kurz darauf gibt es Probleme an der Rezeption. Die Personenschützer aus Zimmer zwei haben ihren Zimmerschlüssel verloren, als sie die Gullideckel vor der Pension zugeschweißt haben. Juseppe hat aber keinen Ersatzschlüssel, jetzt müssen die vier Männer zu den vier Männern in das Zimmer eins. Das werde, so Angela fröhlich, zwar ein bisschen kuschelig, aber schließlich sei ja Urlaub.

Dann geht dem Helikopter über der Pension überraschend das Benzin aus, und er stürzt auf eine nahegelegene Autowerkstatt. Da es bereits 11 Uhr vormittags ist, arbeitet dort keiner mehr, die Flammen sind schnell gelöscht, und Gott sei Dank wird niemand verletzt. Die Dorfbevölkerung ist sehr erleichtert über die eingetretene Ruhe und schenkt uns einen Korb mit Tomaten. Angela hat das Problem mal wieder ausgesessen. Man kann sie nur bewundern.

Gegen Mittag sitzen wir auf der Straße vor der Pension. Maria hat uns die Tomaten köstlich zubereitet. In der Nähe spielt ein Musiker sehr schlecht Mandoline und singt tonlos ununterbrochen »O Sole Mio«. Er trägt zwar eine Sonnenbrille, aber wir vermuten, es ist Thomas de Maizière.

Am Nachmittag kommen dann die Baufahrzeuge. Da der Helikopter ausgefallen ist, wird um die Pension ein hoher Stahlzaun in die Straße gelassen. Sicherheit geht eben vor. Wir entfliehen dem Lärm, indem wir uns zwei alte Vespas mieten und ins Land hinausfahren. Dank des schönen Wetters und ihrer Frisur braucht Angela nicht mal einen Helm.

Am Abend gehen wir früh schlafen. Es riecht nach Zitronenbäumen, die Nachtigall singt, und unter dem Bett schnarcht tonlos Thomas de Maizière »Azzuro«. Angela hat den Tag sehr genossen. Sie meint, so könne es weitergehen. Sie könne sich richtig daran gewöhnen, dass endlich mal nichts los sei.

– – –

12.08.2017

Antigone von Sophokles bei von der Leyens

Ursula von der Leyen hat uns zum Abendessen eingeladen. Angela möchte gut mit ihr stehen, also gehen wir hin.

Als wir in das Haus kommen, spielen von der Leyens sieben Kinder ein Begrüßungskonzert auf ihren Cellos.

Das Haus der von der Leyens ist ganz in Weiß eingerichtet. Erstens weil Ursula das an ihre wilde Zeit als Ärztin in der Frauenklinik erinnert und zweitens weil Farben die Kinder nur von ihren Pflichten ablenken.

Wir sitzen auf selbstgebauten Eichenholzstühlen. Ihr jüngster Sohn hat dafür letztes Jahr den Förderpreis der ergonomischen Kindergärten bekommen, weiß Ursula zu berichten. Mir war nicht klar, dass es so etwas gibt.

Wir speisen. Es gibt von Hand gefangenen Fisch im Panzerrohr gegrillt. Das Rezept habe Ursula von den Jungs am Hindukusch, erzählt sie. Sie entkorkt den Weißwein mit den Zähnen. Der Job scheint sie sehr geprägt zu haben. Beim Essen reden Angela und Ursula über männliche Kollegen. Wen sie süß finden und wen nicht. Heiko Maas bekommt eine glatte Zehn und Peter Altmaier immerhin eine Eins. Er rieche so angenehm nach tropischen Früchten. Das liege wohl an den Weingummis, die er immer in der Tasche habe, vermuten die Damen.

Die Kinder spielen jetzt etwas auf ihren Orgeln vor.

Von der Leyen bekommt einen Anruf. Es ist ihr Mann. Sie bestätigt, dass er tatsächlich die Kühltasche mit dem Spenderherz im Flur vergessen habe. Ihr Mann sei Kardiologe, erzählt Ursula stolz.

Jetzt führen die Kinder Antigone von Sophokles auf. Im griechischen Original. Ihre jüngste Tochter halte die Hölderlin-Übersetzung für nicht gelungen, sagt Ursula. Und man müsse Kinder schließlich auch mal Kinder sein lassen. Angela wird im fünften Akt müde.

Zum Abschied spielen die Kinder vierzehnhändig auf dem Klavier.

Im Auto theoretisieren Angela und ich über das Thema

Kindererziehung. Ich meine, dass aus von der Leyens Kindern bestimmt mal etwas Ordentliches werden würde. Angela gibt mir recht, der Vater habe es schließlich auch zu etwas gebracht. Wir müssen beide sehr lachen.

– – –

18.08.2017

Dithiophosphorsäureester selbstgemacht

Angela ist genervt von den Mücken in unserem Schlafzimmer. Im Wahlkampf habe sie sich schon angewöhnt, möglichst unauffällig mit den Armen zu rudern, damit der Blazerstoff über die Mückenstiche auf ihrem Rücken reibe. Und sie neige den Kopf so weit zur Seite, dass sie mit der Wange heimlich ihre Schulter jucken könne. Aber so heimlich und unauffällig ist das alles gar nicht. Steffen Seibert musste schon Epilepsie-Gerüchte dementieren.

Ich soll nun ein Mückenspray kaufen. Das geht gegen meine Ehre. Warum soll man für viel Geld ein Insektizid kaufen, wenn man als Chemiker ganz einfach selbst eins anmischen kann? Am Abend versprühe ich es im Schlafzimmer. Angela meint, es stinke ziemlich. Ich erwidere, Duftstoffe wären für die Wirkung nutzlos und Dithiophosphorsäureester seien olfaktorisch eben kein Spaziergang.

Mitten in der Nacht wache ich mit rasenden Kopfschmerzen auf. Angela hockt auf dem Nachttisch und redet mit der Schlafzimmerwand. Sie erzählt einem Herrn Clooney, sie könne sich nicht ausziehen, sie sei verheiratet.

Dabei malt sie mit einem Erdbeer-Labello Herzen auf die Wand. Ich fürchte, ich habe das Insektizid zu stark dosiert. Ich ziehe Angela vorsichtig wieder ins Bett, aber sie meint, ich solle loslassen, ein Einhorn brauche schließlich Freiheit. Dann reißt sie die Fenster auf und beginnt, »Don't cry for me, Argentina« zu singen. Nachdem ich der Polizei erklärt habe, alles sei in Ordnung, schlafen wir erschöpft bei offenem Fenster ein. Am nächsten Morgen sind wir von Mückenstichen übersät. Angela verlässt die Wohnung wortlos, und ich bringe die Dose mit dem Mückenspray in einen alten Salzstollen, in dem die anderen Irrtümer unserer Wissenschaft lagern. Bei ihrer Wahlkampfrede in Hannover rudert Angela sehr oft mit den Armen.

– – –

18.08.2017

An: Verteiler Labornutzer Chem.Fak.

Von: Prof.Sauer

Betr: Laborordnung

Liebe Studierende, liebes wissensch. Personal,
heute muss ich mich kurz bei Ihnen melden wegen der Ordnung und Sauberkeit in den Laborräumen. Ich weiß nicht, wer hier abends oft noch arbeitet, aber der- oder diejenige möge bitte anschließend richtig aufräumen.
Väterlich-streng grüßt: Prof Sauer

18.08.2017

An: student.weiss@mail.uni.berlin

Re:Betr: Laborordnung

Lieber Herr Weiß, es ist sehr gut, dass Sie sich als Verursacher der Labor-Unordnung melden. Natürlich ist mir klar, dass Sie in der heißen Phase der Doktorarbeit manchmal Nachtschichten einlegen müssen. Kein Problem. Achten Sie eben darauf, hinterher mal drüberzuwischen.

20.08.2017

Re:Re:Betr: Laborordnung

Lieber Herr Weiß, Sie haben letzte Nacht im Labor gearbeitet und einen Berliner gegessen! Woher ich das weiß? Nun, es standen wieder Reagenzgläser herum, und auf der Arbeitsplatte war überall Puderzucker. Und auf einem zerrissenen Papierbogen schließlich Ihr Name nebst der Überschrift: »Meth-Rezept«. Der Rest des Blattes fehlte allerdings.
Sie werden doch unsere heiligen Hallen nicht dazu missbrauchen, heimlich Met herzustellen? (Schreibt sich übrigens ohne h!) Dieses altgermanische Honigbier habe ich auch schon mal gebraut, ich kann Ihnen da gerne ein gutes Rezept verraten – aber bitte nutzen Sie dafür Ihre eigene Küche!

20.08.2017

Re:Re:Betr: Laborordnung

Lieber Herr Weiß, ich dachte mir schon, dass Sie kein Met im Unilabor brauen – dazu braucht man ja auch größere Gefäße. Das Pulver war kein Puderzucker? Na gut, ich will's glauben, ich habe es nicht gekostet. Bezüglich Ihrer Frage nach günstigen Bezugsquellen für kleine Plastikdosen empfehle ich unseren Laborbedarfshändler »Chemo2000«. Sagen Sie, dass Sie von mir kommen, dann gibt er sicher zehn Prozent Rabatt!

27.08.2017

An: Kriminalpolizei Berlin, Drogendezernat

Sehr geehrter Herr Kommissar Merkert,
mit Entsetzen nehmen wir die Verhaftung unseres Studenten W. Weiß zur Kenntnis. Betreffs Ihrer Anfrage kann ich bestätigen, dass er als Doktorand Zugang zum Labor der chemischen Fakultät hatte. Dass er dort Drogen hergestellt hat, haben wir nicht mitbekommen. Von einem Stoff namens »Crystal Meth« habe ich auch noch nie gehört – ich bin ein altmodischer Professor.
Völlig unklar ist mir, warum mein Name in diesem Zusammenhang in den Büchern der Laborhandlung Chemo2000 auftaucht. Bitte wenden Sie sich mit weiteren Fragen jederzeit an mich!
Mit freundlichen Grüßen, Prof. J. Sauer

26.08.2017

Das Online-Kaufhaus

Angela hat sich bei Kollegen beklagt, dass das Amt ihr wenig Zeit lasse, einzukaufen. Alexander Dobrindt hat uns den Besuch eines Internet-Kaufhauses empfohlen. Das Praktische dabei ist, man kann dort die Produkte in einen gezeichneten Einkaufswagen legen – ohne vorher alte Salatblätter rausfischen zu müssen.

Angela sucht ein Buch über Edmund Stoiber. Plötzlich empfiehlt man uns Dinge, die uns angeblich auch interessieren würden. Und zwar ein Buch über Logopädie und einen Kalender mit Fischreihern. Dann klickt Angela auf eine Biographie über Donald Trump. Wieder empfiehlt man uns andere Sachen. Wir wussten nicht, dass es so viel über Adolf Hitler und Charles Manson gibt.

Angela wählt jetzt unseren geplanten Einkauf aus. Milch, Obst und Käse. Alles für eine ganze Woche. Schließlich werden wir zur Kasse gebeten. Wir fragen uns, wo die Kasse stehen könnte, und stellen fest, dass das Unternehmen in Seattle sitzt. Angela ruft den Steinmeier an, ob er da morgen vorbeikäme, aber der erklärt uns, dass wir von zu Hause aus mit einer Kreditkarte bezahlen könnten. Angela hat Gott sei Dank die Bundeskanzler-Card. Damit hat Helmut Kohl schon die Wiedervereinigung bezahlt. UNSERE Rechnung beträgt nur 52 Euro, da die Käse-Cracker im Angebot waren.

Wir sind zufrieden. Wir finden das Internet-Bestellsystem für Berufstätige ausgesprochen praktisch. Zwei Tage später haben wir mehrere Zettel im Briefkasten. Wir seien nicht zu Hause gewesen und müssten insgesamt 46 Pakete bei der Post abholen. Die Filiale liegt direkt neben unserem Supermarkt. So enttäuscht habe ich Angela nicht mehr gesehen, seit sie erfahren hat, dass Karat nicht zu unserem Polterabend kommt.

– – –

Liebe Studierende,
liebes wissenschaftliches Hilfspersonal!
Zweitens: Man spült Reagenzgläser nach Benutzung aus – da müssen doch keine Rotweinreste drinbleiben!
Väterlich-streng grüßt: Prof Sauer
PS: Hat jemand zuletzt Herrn Kim gesehen, den fleißigen Austauschstudenten aus Nordkorea? Ich warte noch auf die Rückgabe des Buches »Jetzt helfe ich mir selbst: Uranaufbereitung für Anfänger« aus meiner Privatbibliothek. Unpünktlichkeit ist keine fernöstliche Tugend, Herr Kim!

– – –

30.08.2017

Der Kanzlerjet
Angela reist heute wieder nach Brüssel. Für solche Besuche muss sie den Kanzlerjet nehmen. Angela hasst dieses Flug-

zeug. Dabei ist der Sitzplatz für den Kanzler eigentlich sehr bequem. Aber Helmut Kohl ist hier 1986 mal schlecht geworden, und wenn die Heizung läuft, kann man das noch riechen. Die Hefte, die Gerhard Schröder unter dem Sitz versteckt hatte, wurden mittlerweile entsorgt, aber in den Polstern hängt immer noch der kalte Rauch von Helmut Schmidt. Angela sitzt daher auch heute lieber auf einem umgedrehten Eimer vor der Bordküche.

Diesmal ist auch wieder eine Gruppe unbekannter Männer an Bord. In der Zeitung ist oft zu lesen, Angela würde auf Reisen immer von einer Wirtschaftsdelegation begleitet werden. Das ist nicht ganz richtig. Schäuble vermietet die leeren Plätze oft an Junggesellenabschiede. Er weiß schon, wie er im Haushalt auf eine schwarze Null kommt. Auf dem Flug kauft sie den jungen Herren neun Fläschchen »Kleiner Feigling« und zehn Kondome ab. Angelas Autogramm auf der Pobacke des Bräutigams kommt gut an. Angela und die Jungs singen mehrfach »Geh mal Bier holen, du wirst schon wieder hässlich«. Sie findet, das sei ein angemessenes Motto für die EU-Ratssitzung mit Victor Orbán.

Sigmar Gabriel sollte eigentlich auch mitkommen, aber er hat eine Flugphobie. Deswegen hat er auch Panik, er könnte mal Kanzler werden. Angela schickt ihm eine SMS mit seiner Reservierungsnummer für sein Zugticket. Das Handysignal stört die defekte Bordelektronik und öffnet eine der Flugzeugtüren. Es gelingt uns mit Mühe, sie wieder zu schließen. Ein gewisser Thorsten aus der Junggesellengruppe unterhält sich mit Angela. Was die Herren denn in Brüssel wollen, fragt sie. Thorsten antwortet, der Micha würde nächste Woche heiraten, und da wollten sie im Brüsseler Europaviertel richtig einen draufmachen. Angela wünscht ihm dabei viel Glück. Die Gruppe möchte jetzt ein Selfie mit Angela machen. Alle quetschen sich dafür in die Bordtoilette. Angela findet das Foto ganz lustig und möchte es auch haben. Thorsten schickt es ihr auf ihr Smartphone. Deswegen öffnet sich auch wieder eine Flugzeugtür. Als wir sie mit vereinten Kräften geschlossen haben, ist Thorsten verschwunden. Wir bekommen Hunger. In der Bordküche gibt es nur ein altes Glas Senf und eine halb gefüllte Plastikflasche mit Remoulade. Wir lassen es uns trotzdem schmecken. Angela nimmt sich wieder vor, mal für den Jet was Einkaufen zu gehen. Gabriel schickt Angela anscheinend eine SMS, jedenfalls öffnet sich wieder eine Flugzeugtür. Wir haben alle keine Lust, die Tür schon wieder zu schließen, deswegen ziehen wir unsere Jacken an. In einer Stunde landen wir in Brüssel. Angela brummelt unter ihrer Sauerstoffmaske, sie habe Verständnis dafür, dass die Begeisterung für Europa bei vielen Menschen nicht so richtig aufkommen will.

– – –

31.08.2017

Rahmenprogramm für Damen und mich

In Brüssel gibt es mal wieder ein Rahmenprogramm. Oder wie es inoffiziell heißt: Damenprogramm. Das bedeutet, während Angela mit den Staatschefs verhandelt, muss ich einen Ausflug mit deren Gattinnen machen. Die Tatsache, dass mittlerweile auch Ehemänner dabei sind, hilft mir auch diesmal wenig. Edward Szydlo, der Mann von Polens Ministerpräsidentin, verzieht sich kurz nach der Ankunft wieder auf eine Baustelle. Er akzeptiere um sich herum nur Polen, hat er mal verkündet. Er und seine Beate passen gut zusammen.

Der Mann von Theresa May ist bisher auch noch nicht mitgekommen. Er sei ja nicht mehr Mitglied in der EU, aber immer noch Mitglied bei Arsenal London. Und deshalb sei es seine staatsmännische Pflicht, Fußball zu gucken. Very british.

François Hollande wird schon wieder von einer anderen Frau begleitet. Sie meint, sie sei seine Liebhaberin und auch die Gespielin seiner Exfreundin. Eine ménage à trois. Typisch französisch eben.

Ansonsten läuft alles wie immer. Wir stehen planlos vor dem EU-Parlamentsgebäude. Die Freundin von Tsipras pumpt mich wieder um 20 Euro an, der Schäuble dürfe aber nichts davon erfahren. Die Frau des kroatischen Ministerpräsidenten will natürlich richtig schön tanzen gehen, das gestaltet sich aber nachmittags im Europaviertel als sehr schwierig.

Die First Ladies einigen sich darauf, dass wir shoppen gehen. Ich brauche weder Handtasche noch neue Schuhe, also kaufe ich in einem Drogeriemarkt eine günstige Spülbürste, verlasse die Gruppe dann und gehe allein ins Atomium. Da bin ich ungefähr achtmal im Jahr, aber es ist immer wieder interessant. Ich treffe einen sympathischen finnischen Touristen. Es stellt sich heraus, dass es Finnlands Ministerpräsident Sipilä ist. Seine Mutter würde sich immer ins EU-Parlament setzen, das merke sowieso nie einer, meint er und lacht. Ich beneide ihn. Das würde bei Angela und mir nicht klappen.

— — —

C_3, H_7, 4N plus,
ich schick dir einen lieben Gruß!

— — —

01.09.2017

Wahlkampf in Hemburg

Angela telefoniert wütend mit ihrem Wahlkampfleiter. Sie habe vor einem Jahr in einer E-Mail eindeutig einen Wahlkampfauftritt in Hamburg gefordert, stattdessen habe man sie jetzt nach irgend so einem Hemburg in die Eifel gefahren. Das würde persönliche Konsequenzen für ihn haben. Das sagt sie sonst nie. Normalerweise, wenn sie jemanden feuern will, lobt sie ihn vorher in der Tagesschau. Der Wahlkampfleiter liest Angela noch einmal ihre E-Mail vor, danach entschuldigt sie sich und meint, dieses E-Mail sei für uns alle schließlich Neuland. Dann dreht sie sich zu mir um, macht ihre Raute und deklamiert, Wahlkampf sei Wahlkampf und Wahlkampf in Hemburg sei Wahlkampf an der Basis. Ich sehe die Angst in ihren Augen.

Die Basis, Hemburg an der Ulfe, hat 800 Einwohner.

Der örtliche CDU-Kandidat, ein freundlicher Reifenhändler, zeigt Angela ihren Auftrittsort. Vor dem einzigen örtlichen Supermarkt hat man zwischen dem Broilerstand und dem elektrischen Kinderhubschrauber vier Mineralwasserkisten gestapelt. Daran gehängt ist ein Sonderangebotsplakat für Kasseler. Der Praktikant hat es mit einem Edding ergänzt. Jetzt steht dort: »Die Kasselerin kommt. 2,99 das Kilo«. Angela zeigt sich staatsmännisch. Diese Art von Improvisationsgabe, so behauptet sie, habe sie im Osten schon sehr geschätzt.

Es geht los. Erst spricht der CDU-Kandidat und fragt seinen Sohn, ob Mikrophon und Lautsprecher noch kämen. Der zuckt nur mit den Achseln. Dann redet der Leiter der Getränkeabteilung und bittet unsere Personenschützer, nicht jede Leergutkiste zu kontrollieren. Die Kunden wären schon genervt. Jetzt spielt ein Obdachloser »We Are The Champions« auf dem Akkordeon. Angela tritt winkend hinter die Kisten. Sie muss ohne Mikrophon ziemlich laut reden, weil ein übergewichtiges Kind auf dem Kinderhubschrauber ständig die Polizeisirene aktiviert. Drei ältere Damen werfen Angela einen Euro in ihr Rednerpult und finden, sie sähe der Kanzlerin zwar sehr ähnlich, nur die Stimme sei nicht gut nachgemacht. Die Merkel würde nicht so angestrengt schreien.

Nach 45 Minuten ist alles vorbei. Wir haben in Berlin die Kartons mit den CDU-Flyern vergessen, aber man sagt uns, das wäre egal, hier würden sowieso 97 Prozent CDU wählen.

Anschließend essen wir noch einen Broiler am Broilerstand. Der ist erfreulich günstig und sehr lecker. Ein junger Mann kommt auf Angela zu, will aber nur die Einkaufswagen zusammenschieben. Alles in allem ist Angela ganz zufrieden. Wieder in Berlin, erzählt sie dem Gabriel von dem Auftritt. Und vor allem von dem leckeren Broiler. Gabriel will nächsten Monat auch hin.

– – –

02.09.2017

Der Wellness-Gutschein

Angela möchte den Wellnesstag-Gutschein einlösen, den ich ihr zum Geburtstag geschenkt habe. Und zwar zum Geburtstag 2008. Sie sah damals extrem müde und abgespannt aus. Heute geht es darum, dass sie möglichst annähernd wieder so aussieht wie 2008.

Das Wellnesshotel bietet so ziemlich alles an Behandlungen, was es gibt. Angela entscheidet sich für: alles. Am frühen Morgen wird sie massiert. Seit George W. Bush ihr mal scherzhaft in den Nacken gegriffen hat, klagt sie über starke transatlantische Verspannungen vom Schulterbereich bis zum Becken. Der Masseur meint, das kriege er schon wieder hin. Nach zehn Minuten wird er mit gebrochenen Fingern in die Notaufnahme eingeliefert.

Angela soll jetzt 40 Minuten lang eine Anwendung bekommen. Nun muss man wissen, dass 40 Minuten der Zeitraum ist, in dem sie normalerweise einen Staatsbesuch absolviert und gleichzeitig mit zwei kriminellen Diktatoren telefoniert. Falls Trump zwischendurch anruft, sind es sogar drei.

Fünf Minuten später gibt es Tumult im Flur. Eine hysterische Seniorin behauptet, sie sei auf dem Weg zum Solarium einem Sumpfmonster begegnet, das ständig die Worte »Du spinnst wohl, Sigmar« in sein schlammiges Handy gebrüllt habe. Mir war klar, Angela würde es nicht lange im Fangobad aushalten.

Eine Behandlung mit heißen Steinen lehnt Angela ab. Sie erzählt, sie habe 2011 in Israel mal vier Stunden in sengender Hitze ganz allein auf einen Bus gewartet und aus Langeweile mit heißen Steinen den Nahostkonflikt nachgespielt. Seitdem glaubt sie nicht mehr dran, dass heiße Steine Verspannungen lösen können.

Angela entscheidet sich für eine Yogastunde. Die Yogalehrerin diskutiert mit Angela lange darüber, warum es für die Gruppe nicht zuträglich wäre, wenn sie während der Übung »Sonnengruß« wütende Sprachnachrichten von Horst Seehofer abhöre. Angela erwirkt einen Kompromiss. Sie legt das Telefon weg, aber Seehofer darf persönlich vorbeikommen. Während der Yogaübungen versuchen sie sich möglichst leise über die Finanzierung von Integrationsmaßnahmen zu unterhalten. Das stört die Gruppe nicht so sehr wie die Tatsache, dass Seehofer zum ersten Mal seit Wahlkampfbeginn seine Schuhe ausgezogen hat. Die Yogalehrerin ist jetzt richtig sauer. Angela und Seehofer sollen den Raum verlassen. Und da ist das Problem. Angela hat zum ersten Mal in ihrem Leben einen Schneidersitz hinbekommen, und jetzt kann sie ihn nicht wieder lösen. Die Personenschützer müssen sie raustragen.

Am nächsten Tag muss Angela vor dem Bundestag eine Rede halten. Heiko Maas hat aus seinem Garten eine griechische Säule mitgebracht. Die wird hinter das Rednerpult gestellt. Auf dieser kann sie ihre Rede im Schneidersitz halten. Angela meint danach erschöpft, sie freue sich darauf, wieder in den Wahlkampf zu gehen. Wellness sei ihr eindeutig zu stressig.

– – –

Memo

Von: Prof. Sauer

An: Kollegium Institut

Liebe Kolleginnen und Kollegen im Institut,
ich würde mich über Ihre Meinung zu einer Frage freuen, die mich derzeit umtreibt: Ich erwäge ernsthaft, Laptops in meinen Vorlesungen nicht mehr als Arbeitsmittel zu erlauben. Das Problem ist weniger das Tippgeräusch – da war der Student vor fünf Jahren schlimmer, der immer seine Reiseschreibmaschine mitbrachte. Problematisch ist die Internetnutzung: Neulich wurde meine Vorlesung durch eine weinende Studentin unterbrochen. Wie sich herausstellte, hatte sie nebenbei einen Spielfilm »gestreamt«, bei dem ein Trauerfall in der Familie vorkommt (»P.S. Ich liebe Dich«). Dem war sie emotional nicht gewachsen.
Gestern nun brüllte plötzlich ein junger Mann mitten in der Vorlesung: »Tooor!« Zwar erschrak der Delinquent selbst über seinen Ausbruch und entschuldigte sich. Aber die Veranstaltung war gelaufen: Zunächst musste das gesamte Auditorium erfahren, wer spielt, welche Website das überträgt und wie der Name des Torschützen lautete … am

Ende blieb nichts anderes übrig, als den Rechner an den Hörsaalbeamer anzuschließen und das Spiel gemeinsam zu Ende zu schauen.
Wäre es sehr gestrig, zu Papier und Füller zurückzukehren?
Auf Ihre Rückmeldung gespannt, grüßt J. Sauer
PS: Auf die Idee, doch einfach den Vorlesungsstoff interessanter zu präsentieren, bin ich natürlich auch schon gekommen. Zum Beispiel haben wir in Gruppenarbeit die Molekülmodelle mit bunten Farben bemalt. Die Lernatmosphäre hat sich dadurch aber nicht merklich verändert.

— — —

04.09.2017

Beim Zahnarzt

Angela hat Zahnschmerzen. Sie hat im Borchardt einen Prosecco getrunken und auf einen Ring gebissen. Dieser Schauspieler Till Schweiger wollte wohl wieder irgendeinem Model einen Verlobungsantrag machen, hat das Glas aber auf den falschen Tisch gestellt.

Ich begleite Angela zum Zahnarzt. Ich will nicht sagen, dass sie Angst vorm Zahnarzt hat, aber sie fühlt sich bei einem Arbeitslosentreff in Sachsen wohler als auf einem Zahnarztstuhl.

Das Wartezimmer ist sehr voll. Angela ist kein Privatpatient. Für Bundeskanzler gibt's die Klasse »Primadonna-Patient«. Das bedeutet, Zahnärzte können Behandlungen abrechnen, die es gar nicht gibt. Angela wird sofort aufgerufen. Das ärgert sie, denn jetzt verpasst sie die einzige Gelegenheit, mal die Gala zu lesen, um sich über die Situation des Adels zu informieren. Von Empfängen kenne sie diese Leute, aber die seien aufgrund soziologischer und genetischer Limitierungen nur noch in der Lage, sich medial in der RTL-Gruppe zu äußern, hat sie mal festgestellt.

Der Zahnarzt diagnostiziert eine allegorische Dental-Epilepsie. Ich finde, das hört sich sehr ausgedacht an. Übersetzt heißt das wohl, ein Stück ihres Backenzahns ist abgebrochen. Jedenfalls fahren die Zahnarzthelferinnen unglaublich viele Geräte ins Behandlungszimmer. Auch eine Mikrowelle wird besorgt. Mit einer Zimmerantenne. Alles für die Abrechnung mit der Krankenkasse.

Der Zahnarzt macht sich an die Arbeit. Dann klingelt Angelas Handy.

Kim Jong-un ist dran. Mit gelähmten Wangen, viel Schaumstoff und Absaugschläuchen im Mund versucht sie ihm klarzumachen, dass sie gerade nicht sprechen könne. Kim Jong-un sagt irgendetwas. Die koreanische Sprechstundenhilfe übersetzt, dass Kim Jong-un wohl höchst erfreut sei, dass Angela seinen Heimatdialekt spräche. Sie beendet das Gespräch, bevor sie ihm versehentlich einen nuklearen Erstschlag gegen Südkorea vorschlägt. Nach einer halben Stunde ist die Behandlung beendet. Danach gibt sie noch zwei Stunden lang Autogramme im Wartezimmer. Das rechnet der Zahnarzt dann ab als Nachbehandlung.

Plötzlich kommt dieser Schauspieler Till Schweiger in die Praxis. Er erkundigt sich nach Angelas Befinden. Angela fragt ihn, ob die Verlobung gestern denn wenigstens stattgefunden habe. Schweiger sagt, ja, aber die sei bereits wieder gelöst. Er holt den Ring heraus und macht der koreanischen Sprechstundenhilfe einen Antrag.

Angela hofft, dass ihr reparierter Zahn länger hält als Schweigers Verlobungen.

— — —

Rezension: *Halloweenkostüm »Mad Professor«*

★★★★☆ Preiswerte Alternative

Auf der Suche nach einem preiswerten Laborkittel für nur gelegentliche Nutzung (mein Fach ist theoretische Chemie) bin ich auf diesen Artikel gestoßen. Für weniger als 13 Euro ist so etwas sonst nicht zu haben. Natürlich muss man bei der Stoffqualität Abstriche machen, aber »für ab und zu« reicht der Kittel völlig. Für irritierte Blicke im Institut sorgten lediglich die künstlichen Blutspritzer im Brustbereich und die Kunststoffhand, die aus der Tasche lugt.

— — —

06.09.2017

Wahlkampf bei den Kleinsten

Angela muss zum Wahlkampf in eine Kindertagesstätte. Schlechtbezahlte Erzieherinnen seien eine umkämpfte Zielgruppe, meint Steffen Seibert.

Die Kinder empfangen die Kanzlerin mit dem Lied. »Hallo, hallo! Schön, dass du da bist«. Angela begrüßt die Kinder mit einer leicht gekürzten Fassung ihrer Rede vor der EU-Agrarkommission. Für die ist sie sehr gelobt worden, aber die Kinder weinen. Die Erzieherin meint, Details über osteuropäische Geflügeltransporte würden Dreijährige vielleicht dann doch seelisch überfordern. Sie singt mit den Kindern »Pitsch Patsch Pinguin«.

Ein kleines Mädchen schenkt Angela ein Bild. Angela findet sich gut getroffen, aber das Kind meint, das sei ein Bus. Ihr Vater wäre damit immer ins Atomkraftwerk gefahren, als er noch Arbeit hatte. Angela verzichtet auf ein Selfie mit dem Mädchen.

Die Kinder möchten jetzt mit Angela »Der Plumpsack geht rum« spielen. Angela erklärt den Kindern, wie man das Gewicht eines Plumpsacks errechnen könne, wenn man nur dessen Radius kenne. Das habe ihr in dem Alter den größten Spaß gemacht. Die Kinder möchten plötzlich alle Mittagsschlaf machen. Dabei ist es erst 8 Uhr 30.

Angela hat für die Kinder einen Topf selbstgemachten Uckermarker Leberwurstsalat mitgebracht. Sie hebt stolz den Deckel. Drei Kinder müssen an die frische Luft gebracht werden. Angela nutzt die Zeit, um sich mit der Erzieherin zu unterhalten. Die beklagt sich über eine zu niedrige Entlohnung für all die Verantwortung. Gerade bei den schwierigen Kindern. Angela hat Verständnis. Allein für die Beaufsichtigung von Horst Seehofer würde sie ein Vermögen verdienen müssen.

Ein kleiner Junge kommt zu Angela und überreicht ihr eine selbstgeschmiedete Madame-Curie-Büste. Auf die Frage, wie er denn heiße, sagt der Junge Ursulus. Angela antwortet ihm säuerlich, er könne seiner Mutter sagen, ihr Posten als Verteidigungsministerin sei nicht durch Geschenke zu sichern.

Plötzlich knallt es. Ein Kind hatte Angelas Leberwurstsalat auf die Heizung gestellt, und die Faulgase haben sich entzündet. Die Sprinkleranlage geht an. Unter dem Absingen von »Alle Leut gehn jetzt nach Haus« müssen wir das Gebäude verlassen. Die Renovierung wird wohl ein bis zwei Monate dauern, aber ich denke, diesen Tag werden die Kinder nicht vergessen.

– – –

08.09.2017

Angela schmeißt eine Partei

Angela sagt, die Stimmung in der Party sei gerade schwierig und will deshalb eine kleine Partei veranstalten. So sagt sie das wirklich. Wenn sie gestresst ist, verwechselt sie immer die Wörter. So wie letzte Woche, als sie zu mir gesagt hat, sie will Helmut Kohl kleinschneiden und danach die Kartoffeln anrufen.

Sie will ihre Party bei uns zu Hause machen. Damit auch der kleine Mann an der Basis sieht, dass sie letztlich nur ein kleiner Mann ist. Den ganzen Tag über ist sie ganz aufgeregt und kauft jede Menge Lebensmittel und Snacks ein. Sie will ein typisches Essen aus jedem Bundesland servieren. Sie googelt den halben Nachmittag und merkt irgendwann, dass sie mal wieder das Eingabefeld von Google mit dem von Twitter verwechselt hat. Der Seibert ruft wütend an und beschwert sich: Angela hat wohl die ganze Zeit Sachen wie »Nonnenfürze«, »Kalter Hund«, »Arme Ritter« oder »Blaue Zipfel« getwittert. Daraufhin ist der Dax um fünf Prozent abgesackt. Der Seibert sperrt Angelas Zugang, doch Angela lässt sich die Stimmung nicht vermiesen. Bis sie abends merkt, dass niemand kommt. Nur Wolfgang Schäuble und seine Gattin haben den Weg auf sich genommen. Aber die beiden kommen immer, wenn es kostenloses Essen gibt. Das mit der »schwarzen Null« scheint er auch privat durchzuziehen.

Aus Verzweiflung spielen wir Monopoly. Schäuble kann ja eigentlich sehr gut mit Zahlen, heute fehlt ihm aber das Würfelglück. Irgendwann landet er auf Angelas Schlossallee, auf der sie schon ein Hotel stehen hat, und muss alle Geldscheine abdrücken, die er noch hat. Dann bekommt er wieder einen seiner Ausraster, wirbelt mit seinen Ärmchen auf dem Tisch durch Geldscheine und Spielsteine, bis er hektisch ein komplexes Finanzsystem aus Rettungsschirm, Länderfinanzausgleich und Equity Share präsentiert. Dabei schaukelt er mit seinem Oberkörper heftig vor und zurück. Seine Frau versucht erfolglos, ihn zu beruhigen. Dann nimmt Angela ihn kurzerhand auf den Arm und wiegt ihn sachte hin und her. Als er sich beruhigt hat, sagt sie: »War alles ein bisschen viel für ihn heute«, und trägt den Schäuble eigenhändig die vier Stockwerke nach unten zu seinen Personenschützern. Meine Angela ist eben auch die stärkste Frau der Welt.

– – –

10.09.2017

Kaffee bei Jorge Mario

Angela ist beim Papst eingeladen. Zu einer Privataudienz. Angela wollte ihn anrufen und fragen, was sie anziehen soll, aber der Papst hat kein Telefon. Es gäbe wohl ein Münztelefon im Petersdom, aber da gehen wohl immer nur Touristen ran. Sie entscheidet sich für den weißen Unschuldsblazer und fliegt nach Rom. Horst Seehofer will auch unbedingt mit. Schließlich sei er das katholische Oberhaupt Deutschlands, hat er gedröhnt.

Jetzt verstehe ich auch, warum es Privataudienz heißt. Die Feier findet nämlich nicht im Vatikan statt, sondern bei Papst Franziskus zu Hause. Er bewohnt eine Zweizimmer-Neubauwohnung in der Nähe der Sixtinischen Kapelle. Ein kurzer Arbeitsweg sei ein Gottesgeschenk, hat er mal gesagt.

Franziskus empfängt uns in vollem Ornat. Die Kaffeetafel im Wohnzimmer ist liebevoll gedeckt mit italienischen Mandelkeksen, und für Glutenallergiker gibt's argentinisches Steak. Seehofer fragt Franziskus, ob seine Frau gekocht habe. Wie peinlich. Aber der Papst schmunzelt und meint, bei Frauen sei es halt verschieden. Der eine habe keine, der andere viele. Wir müssen alle sehr lachen. Außer Horst.

Der Papst ist erstaunlich informiert. Er wendet sich an Seehofer und äußert seine Sorgen über die unsicheren Zahlen zur PKW-Maut. Seehofer antwortet, dass Gottes Wege manchmal unergründlich finanziert werden.

Jetzt nervt die Wirtschaftsdelegation, die Angela im Ausland immer begleitet. Ein Lobbyist von Audi und einer von Mercedes bieten dem Papst ein Sponsoring für seine Audienzen an. Die sollen dann Audi-Benzen heißen.

Angela und Franziskus gehen lieber noch frischen Kaffee machen. In der kleinen Küche stehen sie zusammen, und sie klagt ihm ihre Not mit ihrer Flüchtlingspolitik. Franziskus meint, seiner Berufserfahrung nach würde man sowieso erst posthum für seine Leistungen wirklich respektiert werden.

Alles in allem ist es ein gemütlicher Nachmittag. Nach unserer Rückkehr fragt uns ein Reporter von der Tagesschau, was wir von dem Papstbesuch mitgenommen hätten. Angela zeigt ihm die Tupperdose mit italienischen Mandelkeksen.

Am Abend bekommt Angela eine Nachricht von Papst Franziskus auf ihr Handy. Er bedankt sich für unser Gastgeschenk. Angefügt hat er ein Foto. Vor seiner Wohnungstür liegt jetzt die Fußmatte mit der Aufschrift »Hotel Papa«.

— — —

Heute ist Bundestagswahl

Heute ist Bundestagswahl. Als wir das Haus verlassen, um wählen zu gehen, wollen wir den Müll noch schnell wegbringen. Die Tonnen mit dem Hausmüll sind aber schon voll. Angela meint, wir würden auf dem Weg zum Wahllokal schon eine Tonne finden. Tun wir aber nicht. Angela betritt das Wahllokal mit drei Müllsäcken in der Hand. Sie fragt den Wahlleiter, ob er die kurz mal halten könne. Dabei reißt ein Sack. Leider der grüne mit dem Bioabfall. Während Angela in die Kabine geht, beginne ich, die Kartoffelschalen und Käserinden aufzusammeln. Wie bei solchen Anlässen üblich, hält Angela anschließend ihren Stimmzettel über die Wahlurne, und Dutzende von Journalisten fotografieren. Dabei rutscht eine Fotografin auf unseren glitschigen Kamillenteebeuteln aus. Sie schreit, man würde ja jetzt sehen, dass die Kanzlerin nicht für Sicherheit in Deutschland sorgen könne. Die wartenden Wähler sind verunsichert. Ich versuche, der Verunglückten zu helfen, und habe plötzlich eine Perücke in der Hand. Es stellt sich heraus, dass die angebliche Fotografin der AfD-Mann Björn Höcke ist. Ich frage ihn nach dem Grund für so einen seltsamen Auftritt. Er ruft mir zu, seine Partei wolle den totalen Wahlkampf. Wenn nötig totaler und radikaler, als wir ihn uns heute überhaupt noch vorstellen können. Sein großes Vorbild hatte Ähnliches damals im Berliner Sportpalast noch als Frage formuliert.

Höcke läuft weg. Draußen in einem Fluchtwagen wartet Frauke Petry. Mit quietschenden Reifen machen sie sich auf den Weg zum nächsten Wahllokal.

Wieder zu Hause, trinken wir einen Quittenlikör, um den Tumult zu verdauen. Angela stellt fest, dass sie in der Aufregung ihren Stimmzettel versehentlich mitgenommen hat. Ich sehe, dass sie ihr Kreuz bei der SPD gemacht hat. Ob Taktik dahintersteht, und wenn ja, welche Absicht meine Frau damit verfolgt, weiß selbst ich nicht.

Die Bundestagswahl endet mit folgendem Ergebnis (bitte selbst ankreuzen):

❑ Ärgerlich. Angela kommt wohl auch die nächsten vier Jahre nicht dazu, im Schränkchen unter der Spüle mal eine Ordnung in die Putzmittel und die internationalen Gastgeschenke zu bringen.

❑ Hurra. Wir können unseren Studententraum wahrmachen und den ganzen Winter lang Mandolinenunterricht in Ischia nehmen.

❑ Frauke Petry hat die Macht ergriffen und noch am selben Abend Beatrix von Storch zur Internet-Propagandaministerin ernannt. Gauland und Höcke werden als muslimische Gefährder eingestuft und verhaftet.

❑ Die SPD stellt den Bundeskanzler, muss aber erst eine Mitgliederbefragung durchführen. Gewählt wird: Willy Brandt

❑ Anton Hofreiter soll in einer großen Koalition Vizekanzler werden. Muss aber vorher mit seiner Mutter zum Friseur nach Hallbergmoos.

- [ ] Christian Lindner ist Bundeskanzler, weiß aber nicht, wie er alle Ministerposten allein ausfüllen soll.

- [ ] Aufgrund extrem niedriger Wahlbeteiligung gibt es eine Regierungskoalition zwischen der Tierschutzpartei und der Partei bibeltreuer Christen. Bundeskanzlerin wird die Katze des Papstes.

– – –

Du kristalliner Zeolith!
Du Kalium! Du Anhydrit!
Du Brom! Du Chlor! Du Jod! Du Zinn!
Nach dir steht mir doch stets der Sinn!